1년이면 됩니다

1년이면 됩니다

송재홍

뱅크북

1년이면 충분해 | 프롤로그

 오전 7시, 직장인일 때보다 조금 더 일찍 눈을 떠 남해 홍보대사로서의 아침을 맞이한다. 곧바로 옥상으로 올라가 3분 정도 명상을 시작한다. 도시의 소음을 잊게 만드는 적막한 고요 속에서, 새들이 지저귀는 소리가 비몽사몽하던 나의 의식을 깨워준다. 낮에는 홍보대사로서의 임무를 수행하고, 해 질 무렵 다시 옥상으로 올라간다. 아침과는 달리 이때는 혼자가 아니다. 남해에서의 유일한 친구, 기타와 함께하기 때문이다. 배운 지 두 달 남짓 된 생초보이지만 마치 싱어송라이터라도 된 듯 기타를 치고 노래한다. 어느 정도 질리면 잠시 평상에 누워 하늘을 바라본다. 어두워질 때까지 이 과정을 반복한다. 이보다 행복한 베짱이가 있을까.

 지난 휴직기 동안 가장 행복했던 순간 중 하나다. 이 글을 쓰는 지금도 그때의 기억들이 뚜렷해 절로 입가에 미소가 지어진다. 이 밖에도 제주에서 낯선 사람들과 바닷가 앞 도로에서 낭만에 취했던 날, 자전거로 4대강을 달리며 만난 상주의 밤하늘에 가득했던 별들을 바라봤던 순간도 마찬가지다.
 바다 건너 해외에서는, 런던 템스강 앞 벤치에서 매일 밤 런던아이와 빅벤과 함께한 시간, 축구팬이라면 누구나 꿈꾸는 손흥민, 이강인 선수의 경기를 현지에서 두 눈으로 직접 봤던 짜릿함, 파리 센강에서 바토파리지앵을 타며 봤던 에펠탑의 화려함, 꿈꿔왔던 스위스의 알프스를 하이킹하며 느꼈던 자연의 웅장함까지. 마지막으로 필리핀 세부에선 가와산 캐녀닝으로 인생 최고의 액티비티를 경험하고 보홀에선 생애 첫 스쿠버다이빙에 도전하기도 했다.

이 모든 순간들이 단 1년 안에 일어난 일이라면 믿어지겠는가? 사실 나도 믿기지 않는다. 불과 1년 전만 해도 나는 매일 똑같은 일상에 갇혀 살았으니까. 그런데 어느 순간 깨달았다. 이 모든 것이 '1년이면 충분하다'는 것을.

20대 중후반에 찾아오는 또 다른 사춘기를 뜻하는 '이십춘기'라는 말이 있다. 어른이 되었다고 생각했는데 갑자기 내가 누구인지, 무엇을 하고 싶은지, 어디로 가야 하는지 모르겠는 그런 혼란의 시기를 말한다. 그것이 나에게도 어김없이 찾아왔다. 그것도 20대의 끝자락인 스물아홉에. 그토록 원했고 누구나 부러워하는 대기업에 다니면서도, 하루하루가 버거웠고 쉬는 날조차 마음 편히 쉬지 못했다. '이게 맞는 인생인가? 앞으로도 계속 이렇게 살아야 할까?' 하는 의문들이 자꾸만 고개를 들었다.

그래서 결심했다. 잠깐 멈춰보자고. 안전한 울타리를 벗어나 진짜 내가 누구인지, 무엇을 원하는지 찾아보자고. 1년이라는 휴직이 처음엔 무모한 일이라고 생각했다. 하지만 지금 돌이켜보니, 그 시간은 내 인생에서 꼭 필요한 시간이었다. 새로운 나를 발견하고 꿈꿔왔던 것들을 실현하면서, 무엇보다 다시 살아있다는 걸 느끼기에 충분했기 때문이다. 만약 지금 당신도 비슷한 고민을 하고 있다면, 이 책이 작은 용기가 되어줄 것이다. 완벽한 계획이 아니어도, 엄청난 용기가 아니어도 괜찮다. 그냥 잠깐 멈춰보자. 1년이면 충분하니까.

Contents

인생 29년차, 첫 번째 쉼을 보내다

나 이런 사람이야   11

달라진 나, 새롭게 발견한 열정   15

이보다 더 완벽할 수 있을까   23

신입사원에게 찾아온 시련   28

쉬어가기로 결심했습니다   35

준비는 여유롭게, 마무리는 정신없게   41

낯선 만남들과의 따뜻했던 한 달 | 제주 한 달 살이

경상도 사장님의 비즈니스 수업   49

기대감을 감사함으로 바꾼다면?   53

누구나 친구가 될 수 있는 곳   58

우연한 인연에서 알게 된 여행의 본질   64

친구의 새로운 의미   71

그동안 나만 모르고 있었던 것   75

온전히 나를 위한 한 달 | 남해 한 달 살이

걸어서 남해속으로   85
안 내면 진 거, 가위바위보!   94
두 개의 하늘에서 찾는 인생의 리듬   99
남해에 살고 있는 청년들   104
어서와~ 남해는 처음이지?   109
혼자가 좋지만 혼자이고 싶지 않은 나   118

함께여서 가능했던 500km의 도전 | 자전거 국토종주

언젠가 리스트에서 추억 리스트로   125
천국과 지옥 사이 그 어디쯤에서   128
죽음의 박진고개   135
그래도 힘들었다고요!   142
10년이 넘어도 여전히 모르는 것들   147
인생은 '절대로' 계획대로 안 된다   151

새로운 대륙에서 만난 또 다른 세상 | 나홀로 유럽여행

처음이라는 두려움 157
런던으로 간 이유 163
무의식의 문득과 의식적인 감탄 169
정원 중독자의 파리 생존기 173
때문에가 아닌 덕분에 177
유럽이 안겨 준 두 가지 선물 182

빈틈없이 꽉 채웠던 한 달 | 세부 한 달 살이

이전과는 다른 새로움 193
내 생애 첫 외국인 친구들 198
인생 최고의 액티비티 203
5년만에 받는 졸업장 210
30일만큼 좋았던 3일 215
교실 밖에서 배운 특별 수업들 223

인생 29년차, 첫 번째 쉼을 보내다

①

나 이런 사람이야

    돌이켜보니 어렸을 때부터 나는 무언가 주도하는 것을 좋아하는 아이였다. 남이 시키는 일보다는 스스로 하는 일을 좋아했고, 친구들에게 일일이 연락해 불러 모을 정도로 무언가를 조직하고 이끄는 것을 즐겼다. 그래서 자연스럽게 유치원 시절부터 동네 골목대장 역할을 도맡았다. 형이나 누나들보다는 동생들과 어울렸고, 집에서 만화를 보는 것보다 놀이터에서 뺑뺑이를 타는 게 훨씬 재밌었다. 여름이든 겨울이든 매일 놀이터에서 살다시피 했다. 그땐 선크림이 뭔지도 몰라서 자외선을 그대로 맞으며 놀았다. 지금의 내 까무잡잡한 피부는 그때의 열정적인 야외활동의 흔적이다. (원래는 하얀 편이었다. 정말이다.)

    별로 말을 잘하는 편도 아니었고, 관심받고 싶어 하는 성격도 아니었다. 그냥 내 의견을 쏟아내기보다 여러 사람들의 의견을 듣는 게 더 좋앉다. 그리고 그 의견들을 모아서 "자, 그럼 이렇게 하자!"라고 결론을 내릴 때 왠지 모를 희열을 느끼던 아이였다.

초등학교 때는 학급 회장이나 부회장을 자주 맡았고 중학교에선 2, 3학년 연속으로 반장을 했다. 고등학교에 올라가서는 공부에 집중하겠다는 나름의 신념으로 임원을 하지 않았지만, 일이 있으면 자연스럽게 앞장서는 편이었다. 내가 주도해서 무언가를 했을 때, 결과가 좋든 나쁘든 반드시 배울 점이 있었다. 그리고 그 책임은 온전히 나에게 있으므로 누구를 탓할 일도 없었다. 그러면서 자연스럽게 책임감이 생겼고 무언가 잘못되면 가장 먼저 스스로를 돌아보는 습관이 생겼다. 이 습관은 군대에서 꽃을 피우게 됐다.

나는 군대에서 약 700번의 교대근무를 했다. 원래 보직은 따로 있었지만, 부대에 병사가 적어 어쩔 수 없이 근무를 많이 서게 됐다. 교대근무는 외부인이 부대로 들어오는지 감시하는 일로 주로 위병소와 탄약고를 지켰다. 보통 한 번 근무할 때 한 시간 반 정도 서는데, 700번이면 1,050시간, 즉 44일 동안 연속으로 서 있는 셈이었다.

자대에 온 지 얼마 안 된 이등병 때, 전역을 앞둔 병장이 한마디 던졌다.

"너 앞으로 근무 1000개는 해야 전역한다."

"잘못 들었습니다?"

군대에서 습관처럼 많이 하는 말이 "잘못 들었습니다?"인데, 이때는 정말 내 두 귀를 의심해서 나온 진심의 말이었다. 진짜인지 궁금했다. 그래서 그날부터 하나하나 기록하기 시작했다. 원래는 근무 개수만 적으려고 했는데 어쩌다 보니 일기장이 되어버렸다. 그날의 근무 개수와 사건사고, 그날 느꼈던 감정과 생각들까지 모두 적었다. 전역하고 취합해보니 근무 개수가 1000개에는 못 미쳤지만, 그 1000시간은 나에게 엄청난 선물을 안겨주었다.

다른 사람과 함께 서는 근무도 있었지만, 나는 특히 혼자 위병소를 지키는 근무를 좋아했다. 아무도 없는 공간에서 창밖을 바라보며 생각하고 또 생각했다. 오로지 나에게만 집중할 수 있는 시간이었다. 미래에 대한 고민은 물론, 과거에 대한 자아성찰까지 할 수 있었다.
'왜 그때 나는 그렇게 행동했을까?'
'그 상황에서 그게 최선이었을까?'
그동안 나 정도면 나름 괜찮은 사람이라고 생각했는데, 돌이켜보니 허점투성이 철부지 20대였다. 그래서 남은 20대는 자만하지 말고 겸손하게 살아야겠다고 다짐했다. 무엇보다 살면서 이렇게 자신을 돌아보고 질문하는 시간이 꼭 필요하다는 것을 처음 깨닫게 되었다.

생각해보면 우리는 항상 바쁘다. 다른 사람들과 끊임없이 교류하며 살아가다 보니 정작 나 자신을 돌아볼 시간은 없다. 나를 가장 잘 아는 사람은 분명 '나'인데 그에 대한 답을 타인에게 구하려고 한다. 그리고 그들이 건네는 단편적인 정의에 기대어 겨우 내가 누구인지 확인하려 애쓴다.

우리는 평생 자신에게 끊임없이 질문해야 한다.

'너 지금 무엇을 위해 이러고 있는거야?'

'너 지금 행복한 거 맞아?' 라고 계속 질문하고 그 답을 찾기 위해 노력해야 한다.

군대에서 얻은 가장 큰 수확은 '나에게 질문하기'의 중요성을 깨달은 것이다. 이를 통해 나라는 사람을 좀 더 알게 됐고 스스로를 객관적으로 바라볼 수 있게 됐다. 군대를 시간 낭비라고 하는 사람들이 있지만, 나에게는 엄청난 선물을 안겨준 시간이었다. 혹시 당신도 자신에 대한 답을 정작 자신이 아닌 다른 곳에서 찾으려고 애쓰고 있지는 않은가?

―― ② ――

달라진 나, 새롭게 발견한 열정

군대에서 큰 깨달음을 얻고 완전히 달라진 마음가짐으로 복학을 했다. 이전의 대학생활과는 180도 다른 삶이 시작됐다.

'지금 내가 할 수 있는 최선이 무엇일까?'

스스로에게 물어보니 그 답은 명확했다. 학교생활에 충실하는 것.

강의 시간마다 맨 앞자리를 지키며 교수님의 말씀을 하나도 빠짐없이 필기했다. 그리고 그날 배운 것은 그날 밤에 복습하는 원칙을 만들었다. 기숙사 생활 덕분에 늦은 시간까지 도서관이나 열람실에서 공부할 수 있었다.

이에 대한 결과는 당연했다. 복학 후 첫 학기, 평점 4.5 만점에 4.43, 총 21학점에 1개 과목만 A0를 받고 나머지는 전부 A+를 받았다. 장학금도 받고 부모님과 친구들의 칭찬을 받으니 자신감까지 올랐다. 소위 복학버프라는 것을 제대로 받게 된 것이다. 고등학생 때 잠시 잃어버렸던 학구열이 5년이 넘어서야 다시 불타오르기 시작했다. 친구들이 어려워하는 전공과목을 내가 이해한 방식으로 설명해주기도 했다. 누군가에게 무언가를 알려주는 것이 오히려 나에게도 엄청난 공부가 된다는 것도 처음 알게 되었다.

  3학년이 되면서 본격적인 진로와 취업에 대한 고민이 시작됐다. 마침 학과에서는 '반도체장비전공트랙'이라는 것을 홍보하고 있었다. 반도체 장비 회사에 취업을 위한 특별 교육과정이었다. 반도체에 대해 자세히 알지 못했지만, 우리나라 대표적인 수출품으로 앞으로도 비전이 높다는 것은 공대생이라면 누구나 알고 있었다.
  솔직히 어렸을 때부터 반도체에 관심이 있었던 건 아니었다. 하지만 늦바람이 무섭다고 하지 않던가, 뒤늦게 반도체의 매력에 빠지게 된 나는 누구보다 진심으로 반도체를 배우기 시작했다.
  트랙을 시작하면서 반도체 공정 이론을 배웠지만, 좀 더 깊이 공부하고 싶어 다른 학과의 전공수업까지 찾아 들었다. 4학년 때는 현장실습으로 실제 공정을 경험하며 반도체의 매력에 더욱 빠지게 되었다. 그러면서 나에게는 새로운 취미가 하나 생겼다. 바로 반도체와 관련된 세미나와 전시회 참여하기였다. 반도체와 관련된 세미나와 강연, 전시회라면 일단 무조건 신청했다. 학부생 수준으로는 이해하기 어려운 내용들이 대부분이었지만, 모든 내용을 완벽하게 이해하는 것이 목적은 아니었다.

오히려 반도체에 진심인 전문가들의 열정과 그들이 만들어내는 특별한 분위기를 직접 느껴보고 싶었다. 그 자리에서 흘러나오는 깊이 있는 대화와 전문적인 통찰들을 듣고 있으면 나도 언젠가 저런 수준의 전문성을 갖추고 싶다는 동기부여가 되었다. 비록 당장은 모든 것을 이해할 수 없었지만, 반도체 분야에 대한 나의 관심과 열정을 더욱 키워주는 소중한 시간들이었다. 쌓여가는 전시회 관련 명찰들을 보면서 점점 반도체의 매력에 빠져들고 있었다.

그렇게 졸업을 하고 본격적으로 취업준비를 시작했다. 이때부터 계획 세우는 것을 좋아하는 파워 J의 성격이 빛을 발하기 시작했다. 하루를 30분 단위로 계획하고 매일·주간, 월간으로 피드백하는 나만의 루틴을 만들었다. 말은 거창해 보이지만 매우 단순한 삶이었다. 살면서 이렇게 단순하게 생활해본 적이 없었다. 아침에 일어나서 집 앞 스터디카페로 간다. 오전 공부를 마치고 집에서 점심을 먹고 다시 스터디카페로 간다. 오후 공부를 마치고 집에서 저녁을 먹고 다시 스터디카페로 간다. 그리고 새벽 1시에 스터디카페 사장님이 마감을 할 때 같이 퇴근한다. 이 과정을 매일 반복했다.

그러던 어느 날 신기한 일이 일어났다. 한창 스터디카페에서 공부를 하고 있는데, 사장님이 말을 걸었다.

"혹시 총무 할 생각 없어요?"

태어나서 처음으로 받아보는 스카우트 제의였다. 매일 마감시간까지 있던 것이 눈에 띄었나 보다. 하는 일도 어렵지 않았다. 평소처럼 공부를 하다가 마감시간에 간단하게 청소를 하고 문 닫고 나가면 끝이었다. 무료로 스터디카페를 이용할 수 있고 작지만 용돈벌이 정도의 월급도 받을 수 있었다. 경제적으로 부족한 시기였던 나에겐 더없이 좋은 기회였다. 흔쾌히 스카우트 제의를 수락했다.

  취업 준비를 하면서 종종 내가 가고 싶은 회사에 대해 생각해보곤 했다. 이름만 들어도 누구나 아는 대기업에서 일하게 된다면 어떤 느낌일까? 회사 로고가 선명하게 새겨진 사원증을 목에 걸고 당당히 출근하는 내 모습을 그리며 힘을 얻었다.
  대학교 4학년 때 자신의 커리어 로드맵을 만들고 발표하는 시간이 있었는데 그때 조금은 유치하지만 특별한 일을 했다. 내가 꿈꾸던 그 회사의 사원증을 상상으로 디자인하고 거기에 내 이름을 새겨 넣은 것이다. 단순한 상상이 아니라 구체적인 목표 설정이었다.
  "언젠가 이 사원증을 진짜로 목에 걸 때까지 최선을 다할 것입니다!"
  세상 어디에도 없는 나만의 사원증을 가리키며 당차게 포부를 밝혔다. 지금 생각해보면 조금 유치할 수도 있지만, 그때의 나는 그만큼 간절했다.
  이것을 현실화시키기 위해서는 구체적인 전략이 필요했다. 객관적으로 봤을 때 학벌도 그다지 좋지 않고 이렇다 할 스펙도 없었기 때문에 다른 방식으로 돌파해야 했다. 고민 끝에 내가 할 수 있는 건 결국 남들보다 더 많이 준비하고 더 진심으로 임하는 것뿐이었다. 인적성을 준비할 때는 시중에 나와있는 모든 문제집은 물론, 5급·7급 공무원, 공기업 준비용 NCS 교재까지 풀었다. 자기소개서와 면접에선 반도체에 대한 나의 일관된 열정과 간절함을 적극적으로 어필했다.

전직 방송사 PD이자, 경제·재테크 유튜브 채널 '신사임당'을 성공시킨 크리에이터 주언규님이 오프라인 강연에서 이렇게 말했다.
"인생은 20년 단위로 라운드가 바뀐다. 1~20세는 1라운드, 20~40세는 2라운드, 40~60세는 3라운드다."
1라운드는 학벌이고, 2라운드는 직장이다. 2라운드를 어떻게 보내느냐가 3라운드에 무엇을 할지 결정한다고 했다. 나는 1라운드에서 이렇다 할 성과를 못 냈으니 빨리 다음 라운드에서 만회하고 싶었다. 1라운드에서 성과가 없다고 좌절할 필요는 없다. 빨리 재정비하고 2라운드에서 이기면 된다. 또 그 2라운드를 바탕으로 3라운드에서 최종 승리를 거두면 된다. 우리 세대에는 60~80세인 4라운드가 생길지도 모르겠지만, 결국엔 최종 승리가 목적이다. 전투에서 이기는 것도 중요하지만 무엇보다 전쟁에서 승리하는 것이 가장 중요하다.

평소에 존경하는 이하영 작가님은 『나는 나의 스무 살을 가장 존중한다』에서 '개즐소충'을 강조했다. 개즐소충은 '개처럼 즐겁게 소처럼 충실하게'의 줄임말이다.

개들은 뭐든지 즐겁다. 밥을 먹을 땐 누구보다 맛있게 먹고 졸릴 땐 세상 편하게 잔다. 짜증나거나 불편하면 크게 짖기도 하고 맛있는 간식 앞에선 애교를 부린다.

반면에 사람은 다르다. 회사일, 집안일, 다른 사람과의 관계 때문에 밥을 먹을 때도 걱정하고 졸려도 마음 편히 잠들지 못한다. 사람들이 걱정하는 것의 대부분은 미래에 대한 걱정이다.

'내일 발표를 잘 할 수 있을까?'

'결혼하고 내 집 마련을 할 수 있을까?'

개들은 그런 고민을 하지 않는다. 그냥 현재에 주어진 것을 즐긴다. 그러니까 행복한 것이다.

소들은 충실하게 풀을 뜯는다. 무언가에 쫓기지 않고 그냥 천천히 풀을 뜯는다. 목을 푹 숙이고 풀을 질겅질겅 씹으면서 천천히 오물거린다. 그러다보면 어느새 넓은 초원의 풀들이 사라진다. 또 다른 곳으로 이동해서 똑같은 방법으로 풀을 뜯는다. 그러다 보면 어느새 몸집이 커져 있고 풀을 먹는 양도 늘어나게 된다. 우리는 소처럼 충실하지 못하다. 사람은 무언가를 조금 해보고 이건 내 길이 아닌 것 같다며 쉽게 포기한다. 그 포기의 근거는 단기간에 성과가 나지 않았기 때문이다. 하지만 어떤 것이든 꾸준히 쌓이면 결국 원하는 결과를 만들어낸다.

나는 1만 시간의 법칙을 믿는다. 어떤 것이든 1만 시간을 투자하면 그 분야의 전문가가 될 수 있다. 이 정도를 투자했는데 원하는 목표를 못 이뤘다면 설정한 목표가 매우 높거나 진짜로 그 분야에 소질이 없는 것이다. 개처럼 현재 주어진 것을 즐기면서 소처럼 충실하고 꾸준하게 살아가다 보면 반드시 원하는 목표에 다다를 수 있다.

 돌이켜 보니 취업 준비 시기가 내 인생 첫 번째 개즐소충의 시기였다. 하루하루 정해진 루틴에 따라 매일 똑같이 생활하는 것이 누군가에겐 지루할 수도 있지만, 나에겐 목표를 향해 한 걸음씩 나아가는 충실한 여정이었다. 그날 계획했던 공부량을 모두 마치고 뿌듯한 마음으로 집 앞 공원을 산책할 때, 막막하고 답답할 때 좋아하는 노래를 들으며 새벽에 드라이브할 때, 새로운 책이 너무 읽고 싶어서 그날 할 일을 빠르게 끝내고 독서에 몰입했던 밤. 이런 소소한 순간들이 나를 행복하게 했다.
 이에 덧붙여서 작가님이 책에서 했던 말이 기억에 남는다.
 '힘든 과거가 성공한 미래와 연결된 과정임을 알면, 그 시간을 즐길 수 있는 힘이 생긴다'
 취업 준비 기간에도 나는 지금의 회사에 다니고 있는 모습을 상상했다. 대학교 때 직접 디자인했던 그 사원증을 목에 걸고 당당히 출근하는 내 모습을 말이다. 그 시간이 얼마나 걸릴지는 알 수 없었지만, 무조건 될 수 있다고 확신했다. 그래서 그 시간들이 힘들지 않았다.
 단순히 버티는 것과는 다르다. 버티고 참는 것은 오래 지속할 수 없다. 나는 시간이 얼마나 걸리든 상관없었다. 그 유치했던 상상 속 사원증이 현실이 되는 순간을 기다리며 매일을 충실하게 보냈다.

그렇게 어렸을 때부터 키워온 주도성, 군대에서 배운 자기 성찰, 대학에서 시작된 반도체에 대한 열정, 그리고 취준 기간으로 깨달은 개즐소충까지. 모든 경험들이 하나로 모여 내가 원하던 회사에 합격할 수 있게 해줬다. 이제 진정한 사회인이 될 시간이었다.

―― ③ ――

이보다 더 완벽할 수 있을까

　나는 운이 좋게도 취업 준비를 시작한 지 6개월 만에 원하는 기업에 원하는 직무로 최종합격을 했다. 처음으로 합격을 확인했을 때, 기쁨을 주체하지 못해 소리를 지르며 부모님에게 달려가 소식을 전하던 순간은 아직도 생생하게 기억에 남는다. 그동안 총 13개의 회사에 지원했고, 2번의 서류합격과 단 1번의 면접만으로 사회인이 되었다. 역시 취업은 한 번만 성공하면 되는 것이었다.

　입사 후 나는 취업 관련 활동에 푹 빠졌다. 취업 준비를 할 때 학교 프로그램이나 선배들의 도움을 많이 받았기 때문에, 이제는 내가 후배들에게 도움이 되고 싶었다. 합격 발표가 나자마자 바로 합격수기를 작성했다. 취업준비 마인드부터 서류 작성, 인적성 준비, 면접 대비까지. 내가 느끼고 경험한 모든 것을 생생하게 적었다. 간단하게 적으려고 했는데 쓰다보니 어느새 분량이 24페이지나 되었다. 학과 사무실과 학교 취업 상담센터에 연락해 후배들에게 배포했고 나중에는 취업 준비 관련해서 강연도 하기도 했다. 퇴근하고 집에 돌아와서 관련 자료를 만드는 순간에도 피곤함은 잊고 설렘만 가득했다.

일을 처음 배우느라 정신없던 시기였지만, 이런 활동은 연차를 써서라도 참여했다. 그때 나에게는 이 활동이 무엇보다 중요했다. 누군가는 얻는 것도 별로 없는데 그렇게까지 할 필요 있냐고 할 수 있지만, 준비하면서 내 자존감이 높아지는 것이 느껴졌다. 무엇보다 남을 돕는 것이 결국 나를 위한 것이라는 걸 알게 되었다.

자신의 경험이 누군가에게 큰 도움이 된다는 것만큼 큰 성취감은 없다. 나는 이렇게 내 경험을 나눠주고 타인을 도와주는 것에 행복을 느끼는 사람이라는 걸 처음 알게 되었다. 그때 합격 수기에 적었던 마지막 맺음말이 아직도 기억에 남는다.

"시간이 좀 더 걸릴지라도 성공할 수 있다는 자신감을 가지고 도전한다면 결코 실패하지 않습니다. 힘든 취준 기간 건강하게 이겨내시길 진심으로 바라겠습니다."

나중에 다시 읽어보니, 이것은 취업준비뿐만 아니라 인생 전반에 적용되는 말이었다. 성공한다는 자신감을 갖고 도전한다면 어떤 힘든 기간도 건강하게 이겨낼 수 있으니 말이다.

이렇게 자존감과 자신감이 가득 찬 상태에서 신입사원 교육이 시작됐다. 원래는 연수원에서 4주간 진행되는 교육인데 코로나 때문에 비대면으로 2주간 진행됐다. 처음 보는 사이인데 화상으로 만나니 더욱 어색했다. 하지만 이 어색함은 오래가지 않았다. 시간이 조금 지나자 오디오가 끊길 틈이 없었고 교육이 끝나면 각자 맥주를 가져와 온라인 회식까지 벌이는 사이가 됐다.

우리 팀의 진면목이 드러난 건 장기자랑 때였다. 다른 팀들은 대표 한두 명이 예의상 노래 한 곡 정도 부르는 수준이었는데, 우리 팀은 팀원 전원이 참여한 뮤직비디오를 제작하기로 했다. 심지어 선배님까지도 참여했다.

더 놀라운 건 팀원 중에 미스터트롯, K팝스타까지 지원한 실력자가 있었다는 점이다. 선곡은 박상철의 '무조건'. 1절에서는 모든 팀원들이 릴레이로 한 소절씩 부르고 2절에서는 그 팀원이 피날레를 장식하는 작전이었다.

팀원 모두가 각자 맡은 부분을 완벽하게 하기 위해 여러 번 다시 찍으며 노력했다. 결국 우리의 정성이 담긴 합작품이 완성됐고, 마지막에는 실력자 팀원의 엄청난 가창력까지 더해져 완벽한 무대가 탄생했다.

그 후 우리는 오프라인으로 자주 만났다. 파티룸에서 같이 노래를 부르기도 하고 팀원 생일에 깜짝 서프라이즈 파티를 해주기도 했다. 그리고 선배님 생일에는 돈을 모아 한우 세트를 선물하기도 했다. 교육이 끝날 때쯤에는 다 같이 안면도로 MT를 가며 짧지만 행복했던 2주간의 교육을 마무리했다.

이렇게 동기들과 지내면서 나의 자신감과 회사에 대한 애사심은 더욱 높아졌다. 나만큼 높은 자신감과 자존감을 가진 동기들을 보며 이런 사람들과 함께하는 회사에 합격한 것이 감사했다. 앞으로 만나게 될 회사 동료들도 이 동기들과 비슷하다면 내가 꿈꿔왔던 행복한 회사생활을 할 수 있을 것 같았다.

드디어 회사 출근 첫날. 셔틀버스에서 내려 고개를 들어 올려다본 순간, 하늘 높이 솟아 있는 삐까뻔쩍한 건물 세 개가 나란히 서 있었다.
'와, 엄청 높네... 역시 다르구나.'
건물 안에는 길게 뻗어 있는 에스컬레이터 사이로 사람들이 빽빽하게 있었다. 높은 곳에서 아래를 내려다보니 사람들이 개미떼처럼 바글바글했다. 직원의 안내에 따라 커다란 홀에 들어가서 내 이름이 적힌 사원증을 받았다. 대학교 때는 당연히 세로일 줄 알고 디자인했는데 실제 사원증은 가로 모양이었다. 처음 사원증을 목에 건 순간, 대학생 때 발표했던 날이 떠오르면서 왠지 모를 벅차오름을 느꼈다. 동시에 이제 진정으로 이 회사의 일원이 됐다는 생각에 뿌듯함도 함께 몰려왔다.

이후 내가 실제로 일하게 될 파트에 배치받았다. 내 파트는 팀 내에서도 나름 엘리트로 유명했다. 까다롭고 깐깐한 고객 덕분에 자료 정리나 시스템이 다른 파트에 비해 잘 갖춰져 있어 신입사원으로서 배울 것이 많았다.

업무적인 것 외에도 사람들도 모두 좋은 분들이었다. 사원 5~6년 차의 중간 다리 역할을 하는 선배님들이 동기로 이루어져 있어 파트 내 분위기도 밝았다. 모든 것이 다 갖춰진 우리 파트를 보고 다른 동기들은 나를 부러워하기도 했다.

특히 나의 첫 지도선배님은 파트는 물론 팀 전체에서도 손꼽히는 에이스였다. 깔끔한 일처리는 말할 것도 없고, 여러 부서와의 협업이 많은 업무에서도 중심을 잘 잡아 다른 부서 사람들의 신뢰까지 받고 있었다. 지도선배님은 앞으로 올 본인의 지도후배를 위해 따로 공부 자료까지 준비할 정도로 세심하고 꼼꼼한 분이었다. 그런 지도선배님 밑에 있다는 것이 큰 행운이라고 생각했고 그러면서 나의 열정은 더욱 불타올랐다. 열심히 해서 '역시 지도후배답네'라는 말을 듣겠다는 나름의 작은 목표도 생겼다.

이렇게 나의 첫 사회생활의 시작은 모든 것이 완벽했다. 좋은 동기들, 최고의 파트, 훌륭한 지도선배님까지. 신입사원이 바랄 수 있는 최고의 조건들이 모두 한 번에 주어진 셈이었다.

―――――――――― ④ ――――――――――

신입사원에게 찾아온 시련

입사 초반, 일을 열심히 배우고 있던 나에게 큰 시험이 하나 주어졌다. 바로 신입사원 세미나였다.

관습적으로 신입사원이 오면 반도체 8대 공정이나 제품이 만들어지는 과정에 대해 전체 파트원들 앞에서 세미나를 하는 문화가 있었다. 앞으로 업무를 하면서 당연히 알아야 하는 내용들이었고, 대학교 때 전공지식을 어느 정도까지 배웠는지 알기 위한 목적도 있었다. 상대적으로 비전공자였던 나에게겐 관련 내용을 공부하는 것부터 버거웠다. 심지어 이 내용으로 발표까지 해야 한다는 것이 엄청난 부담으로 다가왔다. 발표는 어렸을 때부터 자신이 없었지만, 대학교 3~4학년 때 졸업작품 발표를 많이 하면서 나름 경험을 쌓았기 때문에 괜찮을 거라고 생각했다.

드디어 첫 번째 세미나 발표날이 되었다. 열두 명의 파트원들이 모두 하던 일을 멈추고 회의실로 들어왔다. 오로지 나의 세미나를 듣기 위해서였다. 본격적인 시작 전 서로 잡담을 하며 어수선한 분위기였는데, 이게 오히려 내 긴장을 풀어주었다. 이런 편안한 분위기라면 생각보다 무난하게 마칠 수 있을 것 같다는 묘한 자신감도 생겼다. 하지만 본격적인 세미나가 시작되자 분위기는 180도 달라졌다. 첫 번째 슬라이드에 대해 얘기하는데 떨리는 내 목소리가 귓가에 또렷하게 들렸다. 정적이 흐르는 회의실에서 맥 빠진 목소리가 너무나 생생하게 울렸다.

파트원들은 첫 발표니까 긴장하는 거겠지 생각했겠지만, 이미 내 멘탈은 나가버린 후였다. 안 그래도 전공 내용이 아니라 자신이 없는데 목소리까지 떨리니 자신감은 바닥으로 떨어졌다.

발표를 꽤 많이 해봤다고 생각했는데, 세미나는 또 느낌이 달랐다. 이미 내가 무슨 얘기를 하는지도 모르겠고, 그냥 빨리 끝내 버리고 싶은 마음만 커졌다. 설상가상으로 중간중간 부장님들의 날카로운 질문들이 들어왔다.

"이 공정에서 온도가 중요한 이유가 뭐라고 생각해요?"

"아... 그게..."

"소자의 특성이 이렇게 나오는 이유가 뭔가요?"

"음... 특성은... 다시 알아보겠습니다."

이미 정신을 못 차리고 있는데 제대로 대답할 리가 없었다. 당황한 목소리로 버벅대다가 결국 "알아보겠습니다"로 모든 대답을 마쳤다. 세미나가 진행된 한 시간 동안 약 스무 개의 숙제를 받았다. 거의 모든 질문에 제대로 대답하지 못했다. 부장님들도 나를 괴롭히려고 질문한 게 아니었을 것이다. 하지만 그때 내 생각은 달랐다. '어떻게 내가 반도체 업계에서 10년 이상 계신 분들에게 이렇다 하고 설명할 수 있을까?'라는 전형적인 패배자의 생각을 갖고 있었다. 완벽하게 대답하려는 생각 때문에 세미나를 완전히 망쳐버렸다. 정답이 궁금한 것이 아니라 나의 생각이 궁금했던 것인데, 혹시 내가 대답한 것이 틀리면 어쩌지라는 생각에 사로잡혀 있었다.

 마침내 악몽 같았던 첫 번째 세미나가 끝났다. 세미나 내내 웃음소리는 들리지 않았고, 넓은 회의실에는 정적 속에 떨리는 나의 목소리와 부장님들의 날카로운 질문만이 남아 있었다.
 모두들 자리로 돌아간 빈 회의실에 지도선배님과 둘이 남아 피드백을 했다.
 "괜찮아요. 제 신입사원 세미나 때보다 잘한 것 같은데요."
 분명 나보다 훨씬 잘했을 텐데… 멘탈이 나간 후배를 위한 선배의 뻔한 거짓말이 그 당시 나에겐 엄청난 위로가 됐다. 그 뒤로도 몇 달간 세미나는 계속됐다. 조금씩 나아지긴 했지만, 긴장되는 마음은 좀처럼 풀리지 않았다. 차라리 세미나 말고 그냥 일이나 하고 싶었다. 그러면서 내 높았던 자신감은 점점 떨어져 갔다. 매번 어떤 질문이 나올까 걱정과 두려움에 사로잡혀 세미나를 즐기지 못했다. 내 생각을 제대로 말하지 못하고 어떻게든 그 상황만 모면하려고 했다. 나중에 다른 신입사원의 세미나를 들으면서 깨달았다. 사람의 성향 차이일 수도 있지만 나와는 완전히 다른 분위기였고, 그분을 보며 이전의 내 모습들을 되돌아볼 수 있었다.

세미나를 통해 한 가지 확실히 알게 된 사실이 있다. 준비되지 않으면 자신감이 떨어진다는 것이다. 배운 지식과 생각을 정리하며 내 것으로 만들었어야 했는데 당장 부장님들의 질문을 쳐내기에만 급급했다. 그러면서 어렸을 때부터 발표를 두려워했던 기억이 되살아나며 더욱 자신감이 떨어지는 악순환이 반복됐다. 나는 원래 발표를 못하는 사람이 아니었다. 단지 생각이 정리되지 않았을 뿐이었다. 하지만 그 깨달음을 얻기에는 이미 꽤 많은 자신감을 잃어버린 후였다.

일을 시작한 지 6개월 정도 되었을 때, 파트장님이 깜짝 발표를 했다. 파트 내에서 업무 변경을 한다는 것이었다. 업무를 서로 맞바꾸는 개념이었는데 그 대상에는 나도 포함되어 있었다. 같은 파트에 있어도 우리는 크게 A와 B, 두 가지로 업무가 나뉘었다. 그당시 나는 A 업무였는데 B 업무로 바뀐다는 것이었다.

파트장님은 우리 직무는 어떤 업무든지 다 할 수 있어야 한다고 얘기하면서 우리를 그 첫 번째 대상으로 선정했다. 사실 걱정부터 앞섰다. 아직 A 업무도 완벽히 배우지 못했는데 새로운 업무를 할 수 있을까 하는 생각이 들었고, 무엇보다 정들었던 지도선배님과 떨어지는 것이 내심 아쉬웠다.

발표 후 며칠이 지나지 않아 업무도 바뀌고 자리도 바뀌었다. 원래도 막내이고 신입사원이었지만, 업무가 바뀌니 또다시 완전히 리셋되어 백지상태에서 시작해야 했다.

대학교 때 들었던 수업이 이전 업무에는 도움이 많이 됐는데, 바뀐 업무는 훨씬 심화되고 어려운 전공지식이 많이 필요했다. 무엇보다 가장 큰 문제는 지도선배님이 따로 없다는 것이었다. 업무를 가르쳐주는 선배님들은 있었지만, 이전 지도선배님처럼 편하게 질문할 수는 없었다.

정신없이 바빠 보이는 선배님들에게 모르는 것을 물어보기란 정말 쉽지 않았다. 신입사원 때 누구나 겪는 그 눈치 보임 말이다. 대학에 다닐 때도 선배들보다는 동기와 후배들과 더 친했던 나는, 윗사람을 대하는 것에 아직은 서투른 상태였다. 그리고 바뀐 업무의 선배님들과 연차 차이가 많이 났기 때문에 스스로 쉽게 다가가지 못할 것 같다고 생각했던 것도 있었다.

그러다 보니 점점 질문하는 횟수도 줄어들었고 나도 모르게 점점 눈치를 심하게 보기 시작했다. 메일을 하나 보내도 '혹시 내가 잘못 알고 있는 내용이 아닐까? 이걸로 뭐라고 하진 않을까?' 하면서 혼자 별의별 생각을 다했다.

그러다 보니 업무 효율도 낮아지고 실수도 잦아졌다. 특히 잦은 실수를 하는 내 자신이 너무나도 싫었다. 분명 제대로 배웠고 실수하지 말아야지라고 생각도 했는데, 사소한 것 하나 놓치는 내가 너무 한심했다.

선배님들에게 인정받고 싶은데 그러지 못하는 내 자신이 초라해 보였다. 열 번의 칭찬보다 한 번의 실수가 가슴속에 더 크게 남았다. 이런 것들이 쌓이다 보니 점점 자신감이 떨어졌고 눈치를 많이 보다 보니 성격도 조금씩 변하기 시작했다.

어린 시절 주도적이고 활발했던 내가 어느새 수동적이고 조용한 사람이 되어 있었다. MBTI도 기존에는 E(외향형)가 나왔는데 어느 순간부터 계속 I(내향형)으로 나왔다. 스스로 변한 것이 느껴질 정도였다. 친구들 사이에서도 내 얘기를 하는 것보다 얘기를 들어주는 것을 더 좋아했는데, 이것이 회사에서는 더욱 극단적으로 변했다. 누가 물어보지 않는 이상 내 얘기를 잘 하지 않았고 회식 자리에서 술이 좀 들어가야 그제야 조금씩 내 얘기를 하는 정도였다. 어느 날 회식 자리에서 약간 술이 들어간 부장님이 나를 보며 얘기했다.
"이제 슬슬 가면을 벗을 때 되지 않았나?"
그때가 2~3년 차 정도 되었던 것 같은데, 부장님은 나를 정확하게 파악하고 있었다. 그때의 나는 가면을 쓰고 있었다. 정확히 말하면 진짜 내 모습을 숨긴 채 가면을 쓰고 적응 중이었다. 어렸을 때부터 친한 친구들 사이에서는 활발했지만 처음 보는 사람에게는 낯을 많이 가렸다. 그래서 새로운 환경에 가면 적응하는 데 시간이 조금 걸렸다. 적응이 되면 그때서야 내 모습을 보여주기 시작했지만, 그 모습도 한 번에 다 보여주지는 않고 서서히 보여주곤 했다.

이런 패턴이 회사에서도 그대로 나타났다. 오히려 아예 처음 알게 된 사람들이고 처음 사회생활을 하는 거라서 더욱 극단적으로 적용되었던 것 같다. 지금 생각해보니 3~4년 차 정도가 되었을 때부터 조금씩 가면이 벗겨진 것 같다. 하지만 그때의 나는 그저 하루하루 버티기에 급급했다. 어렸을 때 자신 있게 앞장서던 내가 이제는 뒤로 숨어서 눈치만 보는 사람이 되어 버린 것이 스스로도 믿기지 않았다.

쉬어가기로 결심했습니다

　정신없이 일을 배우면서 하루하루를 보내고 있었다. 어느 날, 같은 업무를 하던 선배님이 다른 팀으로 이동한다는 소식을 들었다. 그 선배님에게 일을 배우기 시작한 지 얼마 안 된 상태였고, 이외에도 파트에서 담당하는 부분이 많은 핵심 인력이었다. 선배님의 빈자리가 엄청나게 클 것 같아 앞으로 어떻게 해야 할지 막막했다. 하지만 그 막막함은 그리 오래가지 않았다. 물론 초반에는 힘들었지만, 모두 금방 적응해 나갔고 나 또한 그러했다. 몇 개월 뒤, 지도선배님이었던 선배님이 다른 파트로 이동한다는 소식을 들었다. 이번에도 걱정부터 앞섰다. 하지만 이 걱정도 그리 오래가지 않았다. 얼마 전 다른 팀으로 갔던 선배님처럼 다들 이내 적응했다.
　두 선배님의 케이스를 보면서 두 가지를 깨달았다.
　첫째, 부서에서 아무리 중요한 사람이라도 어느 한순간에 사라질 수 있다는 것이었다. 그 사람과 관련된 모든 자료들이 다른 사람에게 넘어가는 것은 한순간의 일이었다. 몇 년간 쌓아온 업무 노하우와 자료들이 마치 처음부터 없었던 것처럼 순식간에 사라져버렸다.

둘째, 그 자리는 다른 사람으로 금방 대체된다는 것이었다. 새로운 누군가나 기존에 있던 사람들이 그 업무를 맡았다. 무서운 것은 조금 지나면 그 사람이 언제 있었냐는 듯이 모든 것이 순조롭게 잘 진행된다는 점이었다. 물론 누군가는 업무가 더 많아지고 힘들었겠지만, 회사 입장에서 봤을 때는 전체적으로 아무런 변화가 없는 것 같았다.

어떻게 보면 이런 점들이 대기업의 장점일 수도 있다. 하지만 나는 약간 허무하다는 생각이 들었다. 결국 나도 하나의 톱니바퀴에 지나지 않겠구나 하는 생각말이다. 아무리 열심히 일해도 언젠가는 나 역시 그 선배님들처럼 한순간에 다른 곳으로 옮겨질 수 있고, 내가 쌓아온 모든 것들도 흔적 없이 정리될 수 있을 거라는 생각이 들었다.

그리고 아무리 열심히 해도 결국 회사 지시에 따를 수밖에 없는 철저한 을의 입장이라는 회의적인 생각을 하기 시작했다. 불과 몇 년 전만 해도 그토록 간절하게 다니고 싶었던 회사였는데, 이런 부정적인 생각들이 꼬리에 꼬리를 물고 점점 커져갔다. 그러면서 현재의 삶에 대한 의문을 품기 시작했다.

'앞으로도 나는 이 회사에서, 이런 식으로 계속 일해야 하는 걸까?'

우리 파트는 매주 수요일마다 고객사와 미팅을 한다. 미팅은 미국에 있는 고객사의 시간에 맞춰 오전 8시에 진행된다. 주로 과장급 이상 분들이 미팅에 참여하고, 나 같은 사원들은 발표 자료에 대한 기본 데이터를 만들고 정리하는 일을 주로 한다. 까다롭기로 소문난 고객사 때문에 초반에 부장님들이 엄청 고생했다고 전해듣곤 했다. 지금은 그때보다 많이 나아졌지만, 그들의 횡포는 여전했다. 엄연히 고객 대응 부서를 거쳐서 얘기해야 할 사항을 우리에게 직접 요청하고, 심지어 카카오톡으로 따로 연락해서 자료를 요청하기도 했다.

고객의 무리한 요구를 어떻게 처리해야 할지 몇 날 며칠을 스트레스 받으며 고민하던 부장님들의 모습을 심심치 않게 볼 수 있었다. 그렇다 보니 자연스럽게 야근은 당연시됐고, 월말쯤 되어서는 종종 근무시간 초과 관리 대상자도 생겨났다. 밀린 업무를 처리하기 위해 주말에 출근하기도 했다. 내 눈에 그들은 전혀 행복해 보이지 않았다. 부장님들의 지금 모습이 나의 미래 모습일 텐데, 이건 내가 원하던 삶이 아니었다. 나는 반도체보다 내 인생과 내 가정이 더 중요할 것 같았다. 물론 부장님들이 가족보다 반도체를 더 중요하게 여긴다는 것이 아니라, 상대적으로 나는 그 정도까지는 아닌 것 같다는 뜻이다.

그리고 그들에게 왠지 모를 벽이 느껴졌다. 내가 봤을 때 부장님들이야말로 반도체에 진심이었다. 내가 대학생 때 생각했던 그 열정과는 확실히 달랐다. 나는 지금도 풋내기가 맞지만, 반도체에 대한 열정과 관심도 부장님들보다 훨씬 떨어진 상태였다. 업무 능력은 물론 인간적으로도 훌륭하신 분들과 함께 일한다는 것 자체가 큰 축복이었지만, 역설적이게도 '나도 저렇게 열정을 불태울 수 있을까?' '10년 뒤엔 저 정도까지 성장할 수 있을까?'라는 의구심이 생기기 시작했다. 신입사원 때만 해도 열심히 해서 임원까지 하고 싶다던 그 희망은 현실적으로 부장도 달기 힘들겠다는 생각으로 변했다.

'내가 저분들처럼 열심히 할 수 있을까? 지금 2~3년 한 것도 힘든데 앞으로 10년 이상 이 생활을 유지할 수 있을까?' 그러면서 문득 '이런 삶이 오래전부터 내가 원했던 삶일까?'라는 생각이 들기 시작했다. 부장님들을 보면서 존경심이 느껴지기도 했지만, 동시에 '저렇게까지는 못할 것 같다'는 생각이 더 강해졌다. 무엇보다 그들의 모습이 내 미래라는 것이 더 두려웠다.

동시에 앞으로의 인생에 대한 마음가짐도 변화가 생기기 시작했다. 예전부터 30대가 인생에서 가장 중요한 시기라고 생각해 왔다. 보통 30대면 직장에서 어느 정도 자리를 잡고, 결혼하고, 아이를 키우기 시작한다. 인생에서 가장 큰 변화를 이때 겪는다고 생각한다. 30대를 어떻게 보내느냐에 따라 남은 인생이 달라진다고 해도 과언이 아니다.

그런데 지금의 내 모습은 어떤가? 매일 똑같은 일상의 반복 속에서 점점 수동적이고 소극적인 사람이 되어가고 있었다. 이대로 30대를 맞이하면 앞으로 정말 내가 원하는 삶을 살 수 있을까 하는 의문이 들었다.

마침 최근 만 나이 도입으로 인해 내가 가장 큰 수혜자 중 한 명이 됐다. 원래는 서른 살인데 만 나이 도입으로 한 번 더 스물 아홉 살로 살게 된 것이다. 이것도 하늘이 나에게 준 기회라고 생각했다. 20대의 마지막을 한 번 더 줄 테니 하고 싶은 거 마음껏 해보라는 메시지 같았다.

그래서 그 시간을 온전히 나를 위해서 주체적으로 사는 1년으로 보내면서 앞으로의 30대를 힘차게 맞이하고 싶었다. 생각해보니 지금까지 딱히 쉰 적이 없었다. 대학교에 들어가면서 방학 때마다 아빠의 일을 도와줬고, 전역 후에도 얼마 지나지 않아 복학을 했다. 남들 다 하는 휴학 한 번 안 하고 졸업 후엔 바로 취업 준비를 했다. 운이 좋게도 짧은 기간에 취업에 성공해서 바로 사회생활을 시작했다.

하지만 돌이켜보니 그동안 나는 항상 다음 단계를 위해 준비하며 살았을 뿐, 정작 나 자신을 위한 시간은 가져본 적이 없었다. 학교를 위해, 취업을 위해, 회사를 위해 살았지, 나를 위해 산 적은 없었던 것 같다. 장거리 마라톤인 인생에서 한 번쯤은 쉬었다 가도 되지 않을까 하는 생각이 들었다. 그런다고 뒤처지거나 늦을 것 같지 않았다. 오히려 방향을 제대로 잡아서 내가 원하는 목표에 남들보다 더 일찍 도착할 수도 있겠다는 확신이 들었다. 인생은 속도보다 방향이다. 1년이라는 시간이 주어진다면 앞으로 남은 인생의 방향성을 잡을 수 있을 것 같았다. 지금까지는 남들이 정해놓은 레일 위를 달려왔다면, 이제는 내가 직접 레일을 깔아보고 싶었다.

개그맨이자 투자자인 황현희님은 『비겁한 돈』에서 '쉼'을 강조했다. 쉼을 통해 투자에 관한 공부와 관심으로 내실을 다지고 투자에서 한 발 떨어져서 제3자의 입장에서 바라볼 수 있는 시선을 키우라고 했다. 인생도 마찬가지인 것 같다. 쉼을 통해 나를 돌아보고 내가 좋아하고 원하는 것이 무엇인지 알아가며 내면을 다지고, 일상에서 한 발 떨어져서 새로운 것들을 바라보며 세상을 보는 안목을 넓힐 수 있다는 생각이 들었다.

그리하여 휴직에 대한 마음이 점점 구체화되기 시작했다. 단순히 회사가 싫어서가 아니라 진짜 내가 원하는 삶이 무엇인지 찾기 위한 여행을 떠나고 싶었다.

―― ⑥ ――

준비는 여유롭게,
마무리는 정신없이

  긴 여행을 떠나기 위해선 준비물과 가방을 꾸려야 했다. 머리 속에 상상으로만 있던 계획들을 하나둘씩 꺼내어 적으면서 구체화하기 시작했다. 조금씩 해왔던 휴직에 대한 생각이 2023년 4월 정도부터 본격적인 궤도에 오르기 시작했다. 그리고 그 목표는 2024년 1분기 쯤으로 생각을 했다.

  중간중간에 시기를 좀 더 당기고 싶은 유혹은 계속됐다. 한 번 휴직을 하기로 마음을 먹으니 남은 시간이 멀게만 느껴졌다. 모든 것이 새롭게 시작하는 1월에 시작해서 돌아와서도 새로운 마음가짐으로 할까 하는 생각도 있었다. 하지만 2023년 12월은 내가 입사한 이후로 가장 바빴던 시기였다. 새로운 고객 때문에 초기 셋업을 해야 하는 것들이 많았고, 대부분 처음 하는 내용들이라 더 오래 걸리고 힘들었다. 그래도 일단 급한 불은 꺼야 할 것 같아서 2024년 3월로 결정했다.

목표 날짜도 정했으니 이젠 그 1년 동안 무엇을 할지 정할 차례였다. 처음 생각난 건 매달마다 큰 테마를 정해서 보내면 좋을 것 같았다. 엑셀에 '휴직 PJ'라는 파일을 만들어서 달마다 어떻게 보낼지 계획을 짰다. 3월과 6월은 한 달 살이, 4~5월은 새로운 취미 도전과 운동, 이런 식으로 구체적인 월별 계획을 세웠다. 그동안 배우거나 하고 싶었던 것들을 하나하나 적어 내려가기 시작했다. 내가 무엇을 좋아하는지, 1년 동안 무엇을 할지 고민하고 생각하는 것만 해도 설레고 기분이 좋았다. 마치 첫 수학여행을 앞둔 초등학생이 된 것 같았다.

무엇보다 중요한 것은 자금 조달 계획이었다. 이제는 경제적으로 독립한 지 꽤 되었기 때문에 다시 학창 시절 때처럼 부모님에게 손을 벌릴 순 없었다. 1년간 무급 휴직을 하면서도 경제적 압박 없이 계획한 활동들을 할 수 있도록 철저히 계산했다. 해외여행비, 어학연수비, 취미 배우기 등 항목별로 세세하게 예산을 책정했다. 다행히 그동안 모아놓은 금액으로 충분히 감당할 수 있었다. 무엇보다 휴직이라는 목표가 생기자 더욱 아껴 쓰게 되었다.

그리고 이러한 준비 과정을 거치면서 선포효과도 잊지 않았다. 선포효과는 주변 사람들에게 나의 목표와 계획을 알리면서 내가 실제로 그것을 해낼 수 있도록 미리 장치를 마련해 놓는 것이다. 어떤 것을 하다가 포기하고 싶을 때, 주변 사람들에게 선포해 놓은 것이 있어 쉽게 포기하지 못하고 끝까지 하게 되는 심리적 압박을 만드는 것이다. 그리고 이렇게 선포를 하다 보면 실제로 내 무의식 속에서 '이미 나는 그렇게 되었다'라는 생각이 자라나기 때문에 더욱 쉽게 목표를 달성할 수 있다고 생각한다. 나는 오래전부터 이 선포효과를 믿고 있었다.

친구들을 만날 때, 회사 동기들을 만날 때, 심지어 안지 얼마 안 된 지인들에게도 1년 동안 휴직을 할 거라고 선포했다.

"나 내년에 휴직할 거야."

"진짜?"

"응, 2024년 3월부터 1년간 휴직해서 한 달 살이도 하고, 유럽 여행도 가고, 어학연수도 가고, 그동안 못했던 운동도 시작하려고."

"부럽다... 근데 돈은 괜찮겠어?, 진급은 어떡해?"

대부분 '부럽다'라는 반응이었지만, 그중에서는 돈이나 진급에 대한 걱정의 말이 많았다. 모두 맞는 말이었다. 하지만 나는 연봉보다 훨씬 가치 있는 경험을 할 거라고 확신했고, 진급이 늦어지는 것은 내 전체 인생을 봤을 때는 너무나도 작은 일이었다.

고작 이러한 작은 이유들로 나의 커다란 꿈을 막을 순 없었다. 선포효과를 했던 사람들을 다시 만날 때마다 "휴직은 어떻게 돼 가?"라는 질문에 대답하기 위해서, 나는 더 구체적으로 계획하고 그것을 실행해 나갔다. 이미 많은 사람들에게 선포한 이상 절대 후퇴할 수 없었고 그것이 오히려 나에게는 강력한 동력이 되었다.

회사 규정상 휴직은 2주 전부터 회사에 알려야 했다. 먼저 파트장님에게 얘기하고 차례로 파트원들에게 알렸다. 평소에 귀띔이나 내색한 적이 없어서 대부분 처음 듣고 당황한 표정들을 짓곤 했다. 하지만 그동안 생각하고 고민했던 내용들을 얘기하니 모두 이해해주고 멋있다며 응원해줬다. 마침내 인수인계를 마치고 드디어 마지막 출근 날이 되었다.

나는 파트에서 특정 장비의 측정을 담당하고 있었다. 휴직 시작 며칠 전에 팀장님 미팅에서 긴급하게 숙제가 생겨서 마지막 날까지 측정을 하게 되었다. 원래는 여유롭게 마무리하면서 한 분씩 인사드리며 마지막 날을 보내려고 했다. 하지만 측정이 끝나면 데이터를 정리해서 메일로 공유해야 했기 때문에 여유 따윈 없었다.

아침 출근하자마자 시작된 측정은 오후 3시가 되어서야 끝이 났다. 데이터를 정리하고 메일로 공유하니 오후 4시였다. 마지막 출근 날에 입사한 이후로 처음으로 팀장님께 메일을 보냈다. 사원이 임원에게 메일을 보내는 경우는 드문 일인데 공교롭게도 마지막 날에 메일을 보내니 감회가 남달랐다. 평소에도 메일을 보낼 때 1~2번은 검토하는 성격인데, 팀장님이라서 4~5번은 검토했던 것 같다.

마지막 업무를 무사히 마무리 짓고 PC를 반납하러 가려고 하는데, 평소에 같이 일을 많이 했던 부장님이 같이 가자며 도와주겠다고 했다. 사실 그리 무겁지 않아서 처음엔 괜찮다고 했지만, 마지막인데 바람도 쐴 겸 같이 가자고 해서 더 이상 사양하지 않았다.

창고까지 가는 10분 남짓한 길이었지만, 그 짧은 시간 동안 부장님과 많은 이야기를 나눴다. 부장님은 한 번도 휴직을 하지 않고 약 15년을 다녔다고 했다. 본인 성격상 쉬어도 뭔가 해야 하는 성격이라 그냥 계속 다녔다고 했다. 한 분야에서 10년 이상 해 온 분들을 보면 역시 괜히 그 자리에 계신 게 아니라는 생각이 들었다.

"회사 생활을 할수록 느끼는 건데, 무딘 마음가짐이 참 중요한 것 같아요."

부장님이 그동안 회사 생활을 하면서 가장 크게 느낀 것이라고 했다.

"사원이나 과장 시절엔 혹시라도 실수할까 봐 매일 조마조마하면서, 퇴근해서도 계속 일 생각에 스트레스를 많이 받았어요. 근데 점점 시간이 지나면서 그런 마음들을 의도적으로 내려놓으려고 노력했더니 마음이 편해지고 회사 생활도 훨씬 만족스럽게 변했어요."

딱 내 모습 같았다. 얼마 전에 과장으로 승진한 선배도 비슷한 고민을 하고 있었다.

'아, 이 시기에는 누구나 겪는 일들이구나.'

그래도 남들보다 일찍 깨달았으니 다행이었다. 복직해서는 좀 더 여유로운 마음으로 일할 수 있을 것 같다는 생각이 들었다. 그리고 마지막까지 응원과 격려를 해준 부장님께도 감사했다.

짧은 산책을 마치고 돌아오니 곧 셔틀버스를 타야 하는 시간이었다. 급하게 남은 파트원들에게 인사를 했다.

준비는 여유롭게, 마무리는 정신없이

"걱정 말고 잘 다녀오세요."

"이렇게 마지막 인사를 하니 뭔가 퇴사를 하는 것 같네"

파트원들과 파트장님이 하던 일을 멈추고 웃으며 배웅을 해줬다.

마지막까지 정신없이 보냈지만, 한편으로는 이렇게 마지막 순간까지도 내가 이 파트에서 꼭 필요한 역할을 하고 있다는 사실에 뿌듯했다.

'그래도 파트에서 꽤 쓸모 있는 사람이었구나'

괜시리 기분이 좋아졌다. 사실 곧 끝이 보여서 더 신나게 일한 것 같기도 하다. 평소에는 어떤 일을 마치면 또 다른 일이 기다리고 있었고, 심지어 일을 끝내기도 전에 새로운 업무가 추가되는 게 일상이었는데 오늘만큼은 달랐다.

마지막 인사를 나누고 사무실을 나서는데 하늘이 참 예뻤다. 맨날 보던 똑같은 하늘이었지만, 그날은 조금 달랐다. 건물 사이로 해가 천천히 내려가는 모습이 마치 나의 3년 6개월 동안의 회사 생활이 잠시 막을 내리는 순간처럼 느껴졌다.

정신없는 하루였지만, 그 분주함 속에서도 내가 이 조직에서 의미 있는 존재였다는 확신을 얻을 수 있었다. 그리고 무엇보다 지금 이 순간, 저 붉은 태양처럼 나만의 새로운 여정이 시작되고 있다는 설렘이 가슴을 가득 채웠다.

마침내 2024년 3월 4일, 내 인생의 첫 번째 쉼, 1년의 휴직기가 시작됐다.

낯선 만남들과의 따뜻했던 한 달

| 제주 한 달 살이

───┤ ① ├───

경상도 사장님의 비즈니스 수업

휴직 후 다음 날인 3월 5일, 곧바로 제주로 향했다. 이렇게 바로 떠나게 된 이유는 휴직 후에 나태해지지 않기 위해서였다. 처음엔 한 달 정도는 게임이나 하고 싶은 것들만 하면서 방탕하게 보내볼까 했었다. 하지만 1년을 누구보다 알차게 보내고 싶었고 3월은 그 휴직기의 첫 시작이었기 때문에 의미 있게 보내고 싶었다. 그래서 더욱 특별하게 게스트하우스 스태프를 해보기로 했다. 숙식 제공에 휴무 날에는 마음껏 여행할 수 있고 다양한 사람들을 만날 수 있는 기회까지 모든 것이 완벽한 조건이었다. 심사숙고 끝에 나와 가장 잘 어울릴 만한 게스트하우스 한 곳에 지원했고 운이 좋게도 합격하게 되었다.

제주에 도착한 첫날, 공항에 내리자마자 게스트하우스가 있는 애월로 갔다. 앞으로 한 달간 생활한다는 것에 대한 기대감과 약간의 긴장감이 공존한 상태였다. 사장님의 첫인상은... 내 예상과는 많이 달랐다. 프로

필 사진 속 모습과는 전혀 다른 분이 나를 맞아주었고 목소리로만 들으면서 상상했던 이미지와도 달랐다. 내 허벅지만큼 굵은 팔뚝의 사장님은 엄청난 포스를 뿜어냈다. 하지만 이내 밝은 미소로 반갑게 맞이하는 모습에 긴장이 순식간에 풀렸다.

그날 밤 사장님과 간단하게 맥주 한 잔을 했다.
"어떻게 제주까지 오게 됐어?"
"회사 다니다가 휴직했거든요. 그동안 못해본 것들 해보려고요."
"아, 그렇구나. 나도 처음엔 놀러왔다가 그냥 눌러앉았어. 하하."
이런저런 얘기를 하면서 사장님은 내가 생각했던 경상도 사나이의 이미지와 딱 부합한다는 것을 느꼈다. 할 땐 열심히 하고 놀 땐 신나게 놀고, 자유를 중요시하지만 그 안의 기본적인 규칙과 예의를 지키는 것을 무엇보다 중요하게 생각하는 분이었다. 내가 예전부터 생각해온 멋있는 어른의 모습이었다.

부산이 고향인 사장님은 우연히 놀러 온 제주에 흠뻑 빠져서 육지에서의 모든 것을 정리하고 제주로 온 지 6년째라고 했다. 워낙 사람 만나는 것을 좋아해서 자연스럽게 게스트하우스 사업을 생각했고 가장 친한 친구와 함께 동업을 하고 있다고 했다. 친구분은 공항 근처에서 게스트하우스를 하고 애월 쪽엔 사장님, 성산과 함덕 쪽에 한 달 살이 숙소까지 제주 곳곳에 사장님의 숙소가 있었다. 이 밖에도 사장님은 다양한 사업을 하고 있었고 무엇보다 친구와 동업을 하고 있다는 점이 궁금증을 불러일으켰다. 사실 나도 언젠가 장사를 해볼까 하는 마음이 있었고, 만약 한다면 동업으로 할 생각이었기 때문이다. 사장님처럼 가장 친한 친구와 할 예정이라서 상황도 비슷했다.

어느 날은 사장님이 새롭게 오픈한 술집에 가기로 했는데 웨이팅하는 팀이 엄청 많았다. 사장님은 기쁜 마음으로 카페에서 기다리자고 했다. 같이 간 스태프는 잠시 다른 일정이 있어서 사장님과 둘이 카페에 가게 됐다. 이때가 기회다 싶어 자연스럽게 장사 얘기를 꺼냈다. 내가 준비하고 있는 아이템과 앞으로의 방향성에 대해 신나게 떠들어댔다. 사장님은 이야기가 흥미로웠는지 계속해서 질문을 했고 마치 비즈니스 미팅처럼 대화가 이어졌다. 가장 궁금했던 질문도 잊지 않고 사장님에게 물어봤다.

"동업할 때 가장 중요한 게 뭐라고 생각하세요?"
사장님은 잠시 생각하더니 이렇게 얘기했다.
"그 사람이 가장 밑바닥이었을 때 어떻게 행동하는지를 봐야 해. 잘 될 때는 누구나 좋은 사람이거든. 진짜 힘들 때 남 탓을 하는지, 같이 으쌰으쌰해서 이겨나가려 하는지 유심히 봐야 해."
사장님은 게스트하우스를 오픈하고 얼마 되지 않아 코로나가 터져서 직접적인 타격을 입었다고 했다. 그때 정말 죽을 만큼 힘들었는데 지금 동업하고 있는 친구와 함께 서로 의지하면서 이겨낼 수 있었고 지금은 이전보다 훨씬 더욱 돈독해졌다고 했다. 가장 힘든 상황이 왔을 때 남

탓을 하는 친구인지, 본인 탓으로 돌리며 같이 이겨나갈 수 있는 친구인지를 보라고 했다.

그동안은 당연히 지금처럼 관계를 끝까지 유지하면서 서로 의지할 수 있다고 생각했지만, 친구가 가장 밑바닥이었을 때 어떻게 행동하는지는 아직 보지 못했다. 반대로 친구도 나의 그런 모습을 보지 못했을 것이다. 물론 지극히 평범하게 살아온 우리에게 지금까지 그렇게까지 힘든 상황은 없었던 것 같다. 하지만 나중에 이런 상황이 온다면 어떻게 될까 하는 생각을 처음으로 해보게 되었다.

그리고 마케팅의 중요성에 대해서도 얘기를 나눴다. 나도 처음에 게스트하우스를 정할 때 리뷰를 꼼꼼하게 살펴봤다. 사장님은 리뷰 하나하나에 성심성의껏 답변을 달았고 안 좋은 내용이 있어도 핑계를 대거나 고객 탓을 하지 않았다. 인스타, 블로그 등 SNS 홍보도 활발하게 해서 애월에서 유명한 게스트하우스 중 하나로 자리매김할 수 있었던 것 같다. 구체적으로 자연스럽게 바이럴 마케팅이 될 수 있는 직접적인 아이디어도 알려주기도 했다. 단순히 웨이팅을 기다리는 시간이었는데 나에게는 사업에 대한 값진 인사이트를 얻은 특별한 비즈니스 미팅이었다.

―――――――――――――――― ② ――――――――――――――――

기대감을 감사함으로 바꾼다면?

 나는 게스트하우스에서 오후 업무를 담당했다. 스태프 업무는 크게 오전과 오후로 나뉘는데, 오전 업무는 객실을 청소하고 오후 업무는 체크인과 파티 준비 및 정리를 했다. 나는 애초에 다양한 사람들과 얘기하고 고객 응대를 배우려는 목적이 있었기 때문에 큰 고민 없이 오후 업무로 지원했다.
 게스트하우스에 온 다음 날, 사장님이 매뉴얼 파일을 보여주며 하나씩 설명해줬다. 그 파일엔 게스트하우스 전체 구조와 위치, 근무 시 준수 사항, 자세한 업무 내용이 정리되어 있었다. 하나하나 자세하게 적혀있는 매뉴얼만 보더라도 사장님의 평소 성격을 짐작할 수 있었다. 매뉴얼에서 특히 눈에 갔던 건 롤플레잉이었다. 게스트 체크인 업무를 할 때의 상황을 가정해서 어떻게 응대해야 하는지에 대한 테스트를 하는 내용이었다. 사장님은 3일 후에 롤플레잉 테스트를 한다고 했다. 그리고 그 테스트에 통과해야 체크인 업무를 할 수 있다고 했다. 카운터에서 예약 정보 안내 멘트, 로비에서 숙소 전체 안내 멘트, 객실 안내 멘트로 구성되어 있었는데 양이 꽤 많았다. 마치 대본을 받은 배우가 된 것 같았다. 그날부터 산책하면서, 샤워하면서, 잠들기 전까지도 수시로 대본을 외우기 시작했다. 나름 오랜만에 보는 시험이라서 약간 긴장은 되었지만 그럴수록 더 열심히 연습했다.

드디어 테스트 날이 되었다. 사장님을 실제 게스트라고 가정하고 체크인의 과정을 혼자서 처음부터 끝까지 진행해야 했다. 처음에는 떨렸지만 연습한 대로 차근차근 해나갔다. 중간에 약간 버벅거리긴 했지만 큰 실수 없이 마무리했다. 결과는 합격! 사장님도 이 정도면 훌륭한 수준이라며 잘했다고 칭찬했다. 처음으로 사장님의 칭찬을 들은 나는, 받아쓰기 100점을 받은 어린아이가 된 것처럼 기뻤다. 회사에서는 좀처럼 받기 어려웠던 직접적인 칭찬이라 더욱 뿌듯했다.

    회사에서 일하면서도 매뉴얼은 중요했다. 특히 신입사원에겐 그 의미가 더 컸다. 처음 배워 보는 일을 할 때, 담당자가 없는데 어떤 일을 처리해야 할 때 매뉴얼은 필수였다. 그래서 나도 평소에 나만의 매뉴얼을 만들었고 업무할 때마다 그 효과를 톡톡히 봤었다. 사장님의 매뉴얼을 보며 게스트하우스 내부에도 하나의 시스템이 있다는 것을 알게 되었다. 그 시스템은 오로지 사장님을 통해 만들어지는데, 어떻게 보면 강압적이고 불공평하다고 말할 수 있겠지만 나에겐 완전 잘 맞았다. 그리고 그 시스템이 있어서 그동안 아무 사건사고 없이 잘 유지됐고 지금의 자리까지 올라온 것이 아닐까 하는 생각이 들었다.

나도 대기업에 다니면서 좋았던 것 중 하나는 체계적인 시스템이 있다는 것이었다. 사원이 해야 할 일, 부장님이 해야 할 일, 임원급 리더가 해야 할 일, 각 연차와 직급에 맞게 해야 하는 일들이 어느 정도 정해져 있다. 사장님은 회사 생활을 그리 오래 해보지 않았지만, 이런 시스템에 대해 어느 정도 알고 있는 것 같았다. 직원 입장에서도 이런 사장님이라면 안정감이 들어서 끝까지 믿고 따를 수 있겠다는 생각이 들었다. 나는 비록 한 달밖에 머물지 않는 스태프였지만, 이런 사장님과 일하는 매니저나 동업자들이 부럽기도 했다.

사장님은 나에게 딱 두 가지만 지켜 달라고 했다. 첫 번째는 '시키는 것만 하기', 두 번째는 '모르면 바로 물어보기'. 처음 듣자마자 그렇게 어려운 것이 아니라는 생각이 들긴 했다. 특히 첫 번째는 스태프 입장에서 매우 편한 조건이었다. 물론 처음엔 도와드려야 하는 건 아닌가? 이렇게 가만히 있어도 되는 건가? 하는 생각이 들었다. 아직 회사 물이 덜 빠진 상태여서 시키는 것만 하면 안 되는 직장인 마인드가 남아 있던 상태였다. 사장님은 제발 그냥 쉴 때 마음 편히 쉬라며 오히려 그렇게 하는 게 자신을 더 힘들게 하는 거라고 했다. 그 뒤로 그런 생각은 안 하게 되었다. 물론 내게 주어진 일을 깔끔하게 끝내는 것은 기본이었다.

그러면서 사장님이 했던 말 중에 특히 기억에 남는 게 있다.

"나는 처음 사람을 볼 때 항상 기대치를 0으로 보고 시작해."

아무런 기대가 없기 때문에 실망도 없어서 크게 기분이 상하는 일이 없다고 했다. 그러니까 앞서 말한 딱 두 가지만 지켜달라는 거였다.

이 말을 처음 듣고 가만히 곱씹어봤다. 생각해 보니 사람은 항상 무언가에 기대를 하고 실망을 하게 된다. 친구가 생일을 챙겨주길 기대했는데 연락이 없으면 서운하고, 연인이 내 마음을 알아주길 바랐는데 몰라주면 속상하고 부모님이 내 선택을 지지해 주길 원했는데 반대하면 화가 난다. 이건 어떤 관계에서든 통용되는 이야기다. 상대방에게 기대하는 것이 많기 때문에 실망하고 서로 다투고 화해하는 것을 반복한다. 물론 이 반복 속에서 성장하는 것도 있지만, 커진 기대감 때문에 관계가 끝나기도 한다.

그렇다면 그 기대감을 감사함으로 바꿔보는 건 어떨까? 예를 들어 친구가 생일을 챙겨줄 거라고 기대하지 말고, 챙겨줬을 때 "고마워, 네가 기억해 줘서 기뻐"라고 감사해하는 것이다. 연인이 내 마음을 알아줄 거라고 기대하지 말고 작은 관심이라도 보여줄 때 "이런 것까지 신경 써줘서 고마워"라고 여기는 것이다.

상대가 어떤 것을 해주길 기대하지 말고, 어떤 것을 해줬을 때 감사하는 마음을 갖는다면 이런 감정은 계속 쌓여서 관계를 더욱 단단하게 만들 것이다. 결국 서로에게 큰 기대가 없어야 소소한 것에도 행복할 수 있고 남들과 비교하지 않으며 서로 행복하게 지낼 수 있겠다는 생각이 들었다.

사장님의 이 조언을 듣고 나서 나도 사람을 대할 때 기대치를 높이지 않고 그 사람이 보여주는 작은 배려에도 감사할 수 있는 마음이 중요하다는 것을 알게 되었다. 이것이 제주에서 배운 첫 번째 인생 수업이었다.

---- ③ ----

누구나 친구가 될 수 있는 곳

　제주에서 3월은 일반적으로 비수기라고 한다. 그래서 사장님도 일부러 스태프를 많이 뽑지 않았고 그나마 있던 스태프들도 거의 기간이 끝나가고 있었다. 나는 애초에 스태프들 간의 친목보다는 다양한 사람들을 만나는 것을 목표로 하고 있어서 크게 신경 쓰지 않았다. 근무할 때는 스태프들과 놀고 휴무 날에는 다른 곳으로 여행해서 다양한 사람들을 만나봐야겠다는 생각이었다.

　그래서 휴무 날만 되면 무조건 밖으로 나갔다. 스태프들과는 딱 그 정도의 관계만 유지하려고 했다. 하지만 내 생각이 점점 변하기 시작했다.

　제주에 온 지 일주일 정도 지났을 때, 오후 스태프는 나 혼자 남게 되었다. 그렇게 혼자 생활을 하다가 오후 스태프 한 명이 새롭게 들어왔다. 내 후임이 들어온 것이다. 첫인상은 하얗고 모범생 같은 이미지가 있어서 내향적인 친구인 줄 알았는데, 대화를 나눌수록 내 예상과는 거리가 멀었다. 나보다 두 살 어렸고, 학교를 졸업하고 합격한 첫 회사의 입사를 앞두고 한 달 살이를 하러 내려왔다고 했다.

다음 날, 근무를 하기 전에 둘이 같이 점심을 먹으러 갔다. 예전 스태프에게 추천받은 수제버거 가게로 데려갔는데 다행히 맛있다며 잘 먹어주었다. 이후 근처에 있는 카페에 가서 커피를 한 잔씩 시키고 자리에 앉았다. 그리고 내리 3~4시간을 쉴 새 없이 떠들었다. 남자 둘이서 커피 한 잔씩 시켜놓고 그 자리에서 오랜 시간 떠드는 것은 쉽지 않은 일이다. 서로 생각하는 것이나 가치관이 비슷했고 그만큼 대화가 잘 통했기 때문에 오랜 시간 대화할 수 있었다.

우선 동생도 재테크에 관심이 많았다. 4평 원룸에 혼자 살면서 절약이 온몸에 배어 있었으며, 그 돈을 바탕으로 주식 투자를 해오고 있었다. 스태프 생활을 하면서도 매일 아침 경제신문을 놓치지 않고 봤으며 지금은 주식 위주로 하고 있지만 나중엔 부동산에 투자를 해보고 싶다고 하면서 나의 부동산 투자 이야기도 궁금해했다.

이렇게 투자에 대한 주제로 한참을 떠들고 자연스럽게 연애와 결혼에 대한 이야기로 넘어갔다. 동생은 그동안 연애에 대해 약간 소극적이었다면, 이제는 적극적으로 행동하려고 마음을 먹었다고 했다. 그리고 소소한 것에서도 행복할 수 있는 사람을 만나고 싶고 본인의 계획과 꿈을 지지해줄 수 있는 사람을 만나고 싶어했다. 이런 면에서는 나도 공감되는 부분이 많았고 동생이지만 친구처럼 대화가 잘 통했다.

대화를 하던 중 문득 궁금한 것이 생겨서 동생에게 물어봤다.

"넌 여태껏 살면서 무언가에 미치도록 몰두하면서 해본 적이 있어?"

동생은 주저 없이 고등학교 시절이라고 말했다. 사실 예상한 답변이었다. 이 친구는 서울대를 졸업한 수재였기 때문이다. 좋은 대학교에 가기 위해 학교 내신이며 수능이며 미친 듯이 공부했다고 말했다. 그러면서 그때 너무 힘들었기 때문에 다시는 돌아가고 싶지 않다고 했다.

사실 나는 고등학교를 졸업한 지 거의 10년이 되어가지만, 얼마 전부터 교육과 입시에 관심이 생기기 시작한 상태였다. 그 친구들이 얼마나 노력하고 힘든 생활을 하는지 나이가 든 요즘 하나씩 깨닫고 있었다. 나는 상대적으로 그렇게 치열하게 고등학교 생활을 보내지 않았지만, 동생의 눈빛과 목소리를 들으며 얼마나 힘들었을지 조금이나마 짐작할 수 있었다.

그러면서 나는 그동안 나의 인생에서 몰입했던 시기가 언제일까 생각해봤다. 일단 바로 생각나는 시기는 취준 시기였다. 하지만 그때는 20대 중반이었고 그 기간도 상대적으로 6개월로 짧았다. 반면에 10대의 어린 나이에 수년 이상의 오랜 기간 동안 준비하고 결국 원하는 것을 얻어낸 동생이 진심으로 대단해 보였다. 그만큼의 노력과 의지력이 있었기에 지금의 차분하고 성숙한 모습도 가질 수 있었던 것 같다. 물론 학벌이 좋다고 해서 모든 사람이 이런 건 아니다. 중요한 건 과거의 노력의 과정과 현재의 겸손한 태도인 것 같다. 동생에게서는 그 두 가지가 모두 느껴져서 더욱 멋있어 보였다. 한참 얘기를 하다가 놀라웠던 건 나도 모르게 내 가정사까지 얘기를 했다는 것이었다. 사실 그 자리에서 이런 것까지 말할 생각도 없었다. 평소에 내 이야기를 잘 하지 않는 성격이라서 기존의 친구들도 나의 자세한 가정사에 대해 알지 못한다.

친한 친구들 일부만 알고 있는 내용들까지 아직 알게 된 지 하루밖에 안 된 동생에게 얘기하게 된 것이 신기했다. 그만큼 동생이 편했고 친한 친구처럼 느껴졌나 보다. 친구란 만나고 알게 된 시간만이 중요한 것이 아니라는 것을 이때 처음 깨달았다. 나이 차이도, 만난 기간도 상관없이 마음이 통하는 사람과는 이렇게 금세 가까워질 수 있구나 싶었다. 새롭게 친구 한 명을 만들고 기쁜 마음으로 숙소에 돌아왔다.

이후에 오전 스태프로 한 살 많은 형이 새롭게 들어왔다. 경남 창원에서 왔는데 처음부터 포스가 남달랐다. 오자마자 냉장고부터 열어 식자재를 확인하는 모습에 완벽히 외향적인 성향이라는 것을 단숨에 알아차릴 수 있었다. 나와는 확실히 다른 성향이었다. 그래서 오히려 더 좋았다. 게스트하우스에 새로운 활력이 생겼달까?

사실 나보다 더 먼저 일한 오전 스태프 여동생이 있었는데, 이 친구도 낯을 많이 가리는 내향형이라서 처음엔 많이 친하지 않았다. 하지만 우리 넷은 점점 더 가까워지기 시작했다.

우리는 다 같이 식사를 마치면 항상 설거지 및 뒷정리를 게임으로 정했다. 가장 간단한 가위바위보부터 제로게임, 어플로 하는 오락실 게임,

원카드, 도둑잡기 등 온갖 게임을 다했다.

특히 기억에 남는 건 루미큐브였다. 평소에 유명한 보드게임인 것은 알았지만, 굳이 해보려고 하지 않았고 별로 관심도 없었다. 아마 이번에 같이 해보지 않았다면 평생 하는 방법을 몰랐을 수도 있다. 처음엔 약간 어려웠는데 하면 할수록 재밌고 흥미가 생겼다.

이 밖에도 매일 같이 요리해 먹고 가끔씩은 같이 외식하고 주변으로 놀러 가기도 했다. 처음에는 적당한 거리를 두려고 했던 내 계획이 완전히 빗나가고 있었다. 하지만 이 빗나감은 오히려 좋은 추억을 만들어줬고 이렇게 좋은 친구들이 생긴 것에 감사했다.

애초에 스태프들과는 친목보다는 어느 정도 거리감을 유지하려고 했던 내 생각이 완전히 바뀌었다. 이렇게 점점 그들에게 스며들고 있었고, 나중에 알게 된 일이지만 이 친구들과는 제주를 떠난 후에도 계속 만나게 될 소중한 인연들이었다.

게스트하우스에는 스태프 말고도 또 다른 친구들도 있었다. 스태프로 한 달 살이를 하다가 제주가 좋아서 아예 모든 걸 정리하고 제주에 정착한 친구, 그리고 게스트로 놀러왔다가 제주에 매력을 느껴 근처로 이사까지 와서 이제는 사장님과 허물없이 지내는 친구도 있었다. 이 둘은 사장님 다음으로 게스트하우스의 역사를 가장 잘 아는 산증인들이었다.

각자 다른 일들을 하고 있었는데, 퇴근 후 자연스럽게 게스트하우스로 와서 같이 한 잔씩 하곤 했다. 그럴 때마다 이 친구들이 참 부러웠다.

그날 회사에서 있었던 일들, 요즘 하고 있는 생각 등 시시콜콜한 이야기를 서슴없이 나눌 수 있는 사람들이 항상 기다리고 있었다.

　퇴근하고 마음 편하게 올 곳이 있고 그곳에는 항상 변함없이 사장님과 스태프들이 있다는 것이 부러웠다. 나도 일상에서 이런 곳이나 이런 사람들이 있다면 하루하루가 행복할 것 같다는 생각이 들었다. 같이 축구도 응원하고 같이 공포 영화도 보면서 우리는 더더욱 가까워졌다.

　제주에서의 한 달은 내게 소중한 깨달음을 안겨줬다. 친구란 만난 시간이 아니라 마음이 통하는지가 더 중요하다는 것, 그리고 누구나 마음을 열고 다가가면 진짜 친구가 될 수 있다는 것을 배웠다. 처음엔 적당한 거리를 두려고 했던 내 계획은 완전히 빗나갔지만, 그 덕분에 평생 기억에 남을 소중한 인연들을 만날 수 있었다. 제주는 누구나 친구가 될 수 있는 특별한 곳이었다.

─┤ ④ ├─

우연한 인연에서 알게 된
여행의 본질

게스트하우스의 파티는 일정 인원이 신청을 해야 진행됐다. 파티가 열리지 않는 어느날이었다. 보통 이런 날에는 사장님과 함께 시간을 보내거나 혼자만의 시간을 가지곤 했다.

게스트분들은 파티가 없어도 각자 주류와 안주를 가져와서 파티룸에서 자유롭게 시간을 보낼 수 있었다. 처음엔 같은 방을 쓰는 여자 게스트 두 분이 이야기를 나누고 있었는데, 이후 남자 게스트 두 분이 술과 과자 한 박스 가득 들고 내려왔다.

"워크숍에서 남은건데 같이 나눠먹어요!"

무료 나눔으로 자연스레 합석이 되었고 서로 각자 방에 있는 룸메이트들을 불러 모으기 시작했다. 어느새 사람들이 하나둘 모이기 시작했고 나중에는 투숙 인원 모두가 파티룸에 모이게 되었다. 우리는 사장님이 해준 간장 불고기를 저녁으로 먹고 설거지 내기로 오랜만에 부루마블을 했다. 한창 게임에 집중하고 있는데 뒤쪽에서 무언가 익숙한 회사 이야기가 들려왔다.

'설마... 우리 회사인가?'

귀를 기울여 들어보니 확신이 들었다. 얼른 부루마블을 이기고 합석해야겠다는 마음이 생겼다. 몇 년 만에 하는 부루마블이었지만 여전한 실력으로 1등을 한 후 소주 한 병을 가지고 자연스럽게 합석했다.

간단한 소개를 나눈 후 같은 회사인 것 같던 분에게 말을 걸었다. 역시 예상이 맞았다. 다른 부서에 근무지도 달랐지만 외지에서 만나니 너무 반가웠다. 나보다 한 살 많은 94년생 형님으로, 6개월 휴직을 마치고 곧 복직한다고 했다. 휴직을 마무리하는 형님과 이제 휴직을 시작하는 나였기에 궁금한 것이 많았다. 그렇게 한동안 서로 쉴새없이 대화를 주고 받았다. 이후 게스트 중 한 분이 위스키 한 병을 들고 와서 한 잔씩 나눠줬다. 오랜만에 좋은 술을 먹어서 기분이 좋았고 비싼만큼 끝맛이 매우 깔끔했다. 이 위스키가 불을 지폈는지 94형님들도 추가로 위스키를 가져왔다. 파티룸에 있던 모든 사람들이 환호했다. 대화가 무르익을 때쯤, 한 게스트분이 구석에 있던 전자 드럼을 보더니 조심스럽게 말을 꺼냈다.

"사실 예전에 드럼을 좀 쳤었거든요..."

이 말을 놓칠 리 없는 사장님이 눈을 반짝이며 곧바로 일어났다.

"잠깐만요!"

잽싸게 드럼 쪽으로 달려가 번개처럼 세팅하기 시작했다.

"아니에요, 5년 만이라 잘 칠 수 있을지 모르겠는데…"

게스트분은 손사래를 치며 사양했지만, 이미 모든 사람들의 기대 어린 시선이 집중되고 있었다. 어쩔 수 없이 드럼 앞에 앉아 스틱을 잡고 잠시 망설이더니 조심스럽게 첫 비트를 치기 시작했다. 그 순간 파티룸의 모든 시선이 한 곳으로 향했다.

YB의 '나는 나비' 인트로가 악보도 없이 완벽하게 흘러나오기 시작했다. 5년의 공백이 무색할 정도로 손에 붙은 리듬감이었다. 처음엔 조심스럽게 시작했던 연주가 점점 자신감을 되찾아갔다.

그때 사장님이 마이크를 잡았다. 갑자기 시작된 라이브 공연에 모든 사람들이 깜짝 놀랐다. 사장님의 보컬 실력에 모두들 놀랐고 드럼과의 호흡까지 완벽했다. 파티룸이 순식간에 소규모 콘서트홀로 변했다. 처음엔 어리둥절하던 사람들이 하나둘 박수를 치기 시작했고 이어서 모두 따라 부르기 시작했다.

"날개를 활짝 펴고 세상을 자유롭게 날거야~ 노래하며 춤추는 나는 아름다운 나비~"

목소리가 하나둘 겹쳐지면서 합창이 되었다. 누군가는 박자에 맞춰 무릎을 치고 누군가는 어깨를 들썩이며 리듬에 몸을 맡겼다. 은은한 술기운과 함께 파티룸 전체가 하나의 큰 악기가 된 듯했다.

어느새 우리는 관객이 아니라 하나의 밴드가 되어 있었다. 그 순간 나는 깨달았다. 이것이 진짜 파티구나. 기획되고 계획된 것이 아니라, 자연스럽게 만들어지는 순간들의 연속이 진짜 파티구나.

원래 파티는 12시에 마감이다. 시간이 가까워지자 모두 아쉬워하기 시작했고, MC 역할을 하던 94형님이 사장님에게 애교를 부리기 시작했다. 나는 당연히 안 될 거라고 생각했고 처음엔 사장님도 단호하게 거절했다. 하지만 계속되는 게스트분들의 요청과 그날의 특별한 분위기에 사장님도 마음이 움직였나 보다. 결국 야외 테라스에서 새벽 1시까지 연장하기로 했다. 근무하면서 파티 시간 연장은 처음이었다. 사장님도 1년에 몇번 있을까말까 한 일이라고 했다. 게스트분들도 신이 나서 마감 일을 같이 도와줬다. 사장님과 나도 평소보다 더 빠르게 정리하고 야외 테이블을 세팅했다.

스태프를 시작하고 처음으로 야외에서 파티를 해봤는데 낭만이 넘쳐 흘렀다. 적당하게 부는 바람과 은은한 조명, 잔잔하게 울리는 스피커만으로도 감성이 가득했다. 파도 소리와 음악이 어우러지니 더욱 분위기가 살았다. 파티룸에 있을 때보다 텐션은 낮아졌지만, 모두 이미 분위기에 취한 채 다른 텐션으로 변해있었다. 그만큼 서로 진솔한 대화를 나눌 수 있어서 더 좋았다.

게스트 중 한 분이 사장님을 보며 얘기했다.

"사실 2년 전에도 왔었는데, 그때랑 지금이랑 변함없이 그대로인 것 같아서 너무 좋네요. 나중에도 또 방문하고 싶습니다."

그 말을 들은 사장님은 진심으로 감동받은 것 같은 표정으로 감사하다고 얘기했다. 그 한마디가 사장님에게 얼마나 큰 의미였는지, 며칠이 지나서도 그 이야기를 다시 꺼낼 정도였다. 장사나 사업을 하면서 초심을 유지하는 것이 얼마나 어려운지 알기에, 사장님에게는 더욱 큰 감동으로 다가왔을 것이다. 즐거운 야외 파티를 마치고 다음날 해장을 함께하자고 약속하며 마무리했다. 모두 아무런 소란 없이 정리를 마쳤고, 샤워를 하고 침대에 누우니 왠지 모를 뿌듯함과 행복감이 밀려왔다. 여태껏 했던 파티와는 무언가 다르다는 느낌을 받았다.

다음날 약속대로 근처 해물라면 집에서 함께 해장했다. 매번 산책할 때마다 웨이팅이 많은 것만 봤지 실제로 온 건 처음이었다. 오픈 시간에 맞춰 갔는데도 이미 여섯 팀이 기다리고 있었다.

해물라면과 추억의 도시락을 먹었는데, 바다를 보며 야외에서 먹으니 더욱 맛있었다. 식사를 마치고 비행기 시간이 얼마 남지 않은 94형님들과는 아쉬운 작별을 했다. 남은 분들과는 같이 산책을 하고 카페에 가기로 했다. 해안도로를 따라 걷다가 유채꽃이 보이는 곳으로 갔는데 숙소 바로 앞임에도 처음 보는 곳이었다. 유채꽃밭과 배경의 야자수, 조그마한 산이 어우러진 풍경이 예술이었다. 한 사람씩 돌아가며 사진을 찍었다. 그동안 제주에서 풍경 사진은 많이 찍었지만 내가 나오는 사진은 거의 없었는데 게스트분들 덕분에 인생사진을 얻게 되었다.

근처 카페에서 커피를 마시며 어제 못다 한 대화를 이어갔다. 그러던 중 한 여자 게스트분이 말을 꺼냈다.

"사실 게스트하우스 오기 전에 걱정이 많았어요."

"어떤 걱정이요?"

"솔직히 말하면... 술만 마시고 시끄럽게 떠드는 파티만 있을 줄 알았거든요. 그런데 이번에 와보니까 완전히 달랐어요."

"아 그렇군요. 어떤게 달라졌나요?"

"같이 노래도 부르고, 다양한 사람들 이야기도 들으면서... 생각이 완전히 바뀌었어요. 게스트하우스에 대한 인식이 긍정적으로 달라졌달까요?"

스태프인 내가 앞에 있어서 하는 말이 아니라 진심으로 느꼈기에 할 수 있는 말이라는 생각이 들었다. 이것이 내가 이 게스트하우스를 선택한 이유 중 하나였고, 게스트분도 그것을 느꼈다는 사실에 스태프로서 더욱 뿌듯했다.

오후에는 각자 시간을 보내다가 협재해수욕장에서 같이 일몰을 보기로 했다. 나는 약간의 낮잠을 자고 근처 카페에서 차를 마시며 여유로운 시간을 보냈다. 빈백에 누워 창밖 숲을 바라보니 정신이 맑아지는 기분이었다.

이후 시간에 맞춰 모두 협재해수욕장에 도착했다. 날씨는 구름이 많고 바람도 꽤 불었지만, 구름 사이로 해가 보일 때마다 서로 사진을 찍어줬다. 그리고 함께 지는 해를 바라봤다. 보통 혼자 보던 일몰을 이렇게 여러 사람과, 그것도 처음 만난 사람들과 보는 것도 신선하고 좋았다.

저녁은 치열한 투표 끝에 한정식으로 결정했다. 갈치, 고등어조림과 함께 제육이 무제한으로 나왔다. 서로 다녀온 여행 정보를 공유하며 맛있게 저녁을 먹고 웃음이 가득한 식사 자리가 이어졌다. 식사를 마치고 각자 다음 여행지를 향해 헤어졌지만, 헤어지는 순간엔 왠지 모를 아쉬움이 오래 남았다.

나이도 다르고 사는 곳, 하는 일도 제각각이지만 제주에서는 모두가 그냥 여행자였다. 이런 게 진짜 여행이라는 생각을 했다. 사장님이 바라던 모습도 이런 것이 아닐까 싶었다. 이 게스트분들과 지낸 이틀동안 처음으로 한 달 살이를 연장하고 싶다는 생각이 들었다.

파티가 열리지 않는 날이었는데 우연히 게스트분들이 모였고, 우연히 회사 동료를 만나 파티에 참여하게 되었고, 다음날 아침부터 일몰까지 함께 보내게 되었다. 이것이 진정한 의미의 파티라는 생각이 들었다.

마지막에 헤어질 때는 아쉬웠지만 그것마저도 좋았다. 여운이 있어야 여행이고 그 여운 때문에 다음 여행을 또 오게 된다는 것이 마음으로 와닿는 순간이었다.

이렇게 자연스럽게 만나고, 함께 웃고, 진솔한 이야기를 나누는 것. 그리고 아쉬운 마음으로 헤어지는 것. 이 모든 것이 여행이 주는 진짜 선물이었다.

―┤ ⑤ ├―

친구의 새로운 의미

 이번 한 달 살이의 목적은 세 가지였다. 첫 번째는 다양한 사람들과 만나서 그들의 이야기를 듣는 것, 두 번째는 스태프 일을 통해 고객 응대하는 법을 배우는 것, 마지막으로 안 해본 것들에 도전해보는 것이었다. 결과적으로 모두 성공적으로 달성한 것 같아서 후회 없는 한 달 살이가 되었다.
 첫 번째 목표인 다양한 사람들의 이야기를 듣는 것은 평소 내가 만나는 사람들 외에 전혀 다른 길을 걸어온 사람들의 경험을 듣고 싶었기 때문이었다.
 내 주변 사람들은 나와 비슷한 환경에 있는 경우가 많다. 비슷한 나이, 비슷한 직업, 비슷한 고민들. 그들과의 만남에서 무언가 새로운 것을 얻기란 쉽지 않았다. 그래서 제주에서 만난 다양한 배경의 사람들과의 대화는 내게 새로운 시각을 열어주었다.

나는 얼마전부터 친구는 언제든 바뀔 수 있다는 생각을 하게됐다. 정확히는 그때 상황에 맞게 바뀌어야 한다고 생각한다. 예전에는 한번 친구는 영원한 친구, 죽을 때까지 함께 가는 친구라고 생각했다. 친구의 한자를 살펴보면 '친할 친(親)'에 '옛 구(舊)'자로 옛날부터 친했던 사람, 즉 어릴 때부터 알던 동네 친구들만이 진짜 친구라고 생각했었다. 하지만 제주에서 깨달았다. 오래된 친구만이 친구가 아니라는 것을.

이하영 작가님은 친구의 한자에서 '옛 구(舊)' 대신 '입 구(口)'로 바꿔보자고 했다. 즉 비슷한 말을 하는 사람끼리 친구가 될 수 있다는 뜻이다. 오스트리아 철학자 비트겐슈타인은 이렇게 말했다.

'내 언어의 한계가 내 세상의 한계다.'

결국 우리가 사용하는 언어, 내가 하는 말이 우리의 세계를 규정한다는 뜻이다. 그렇다면 진짜 친구는 나와 비슷한 세계관을 가진, 비슷한 언어를 쓰는 사람이어야 하는 게 아닐까?

그리고 그 언어는 과거와 타인의 이야기보다는 현재 또는 미래, 그리고 본인의 이야기여야 한다. 과거에 갇혀 살거나 남의 뒷얘기를 즐기는 사람과는 깊은 관계를 맺기 어렵다. 지금 내가 어떻게 살고 있고 앞으로 뭘 하고 싶은지 솔직하게 털어놓을 수 있는 친구가 진짜 친구인 것 같다. 과거 자랑이나 남의 험담이 아닌, 현재와 미래에 대해 진솔하게 대화할 수 있는 사람 말이다. 이것을 깨달은 후로 내 주변 사람들에 대해 다시 한번 생각하게 되었고, 진정으로 소중한 사람들에게 집중할 수 있는 용기가 생겼다.

처음에는 게스트 중에서 그런 친구를 사귀고 싶었는데, 시간이 지날수록 스태프 친구들과 더 각별한 사이가 되었다. 아무래도 함께 있는 시간이 많고 그만큼 서로 진솔한 이야기를 나눌 기회가 많았기 때문인 것 같다. 네 명이 함께 보낸 2주 정도의 시간이 그 어느 때보다 좋았고 소중했다.

휴무 날이었던 어느 날, 다른 지역으로 놀러갔는데 셋이 나를 대신하는 인형과 사진을 찍어서 빨리 오라며 사진을 보냈다. 마치 고등학교 시절로 돌아간 것 같은 느낌이 들었고 나를 많이 생각해주는 것 같아 고마웠다.

육지로 올라오기 전에 게스트하우스에 우리를 추억할 수 있는 무언가를 남기고 싶었다. 고민 끝에 우리 넷을 표현할 수 있는 작은 오브제를 샀다. 성비 구성도 딱 맞았고, 작고 귀여워서 카운터에 두기에 안성맞춤이었다. 다른 스태프들도 마음에 들어했다.

육지에 올라가기 전날 밤, 스태프 친구들이 깜짝 파티를 열어줬다. 전혀 상상하지 못했던 일이었다.

제주에 온 지 얼마 안 됐을 때, 이전 스태프들이 제주 생활을 마치고 떠나는 모습을 몇 번 봤다. 그냥 송별회라고 해서 조금 더 맛있는 음식을 먹고 술을 더 마시는 정도였다. 그래서 나도 비슷할 줄 알았다.

하지만 친구들은 깜짝 케이크로 축하해줬고, 거기에 편지까지 준비해줬다. 한 명 한 명 정성스럽게 써준 편지인데 사장님도 함께 남겨줘서 기쁨이 배가 됐다.

어렸을 때부터 손편지를 받는 것이 그 어떤 선물보다 값지고 행복하다고 생각해왔다. 그래서 초등학생 때부터 받았던 편지들을 아직까지 보관하고 있고, 나만의 보물 중 하나로 여길 정도로 소중히 간직하고 있다. 군대에서 전역할 때 받은 롤링페이퍼의 감동 이후로 오랜만에 느껴보는 감정이었다.

마지막 날 새벽 5시까지 함께 놀고 방으로 들어와 혼자 침대에 누워 편지들을 읽었던 그 순간은 평생 잊지 못할 것 같다. 편지를 읽는 내내 나도 모르게 웃음이 지어졌다. 그동안의 고마움과 더 잘 챙겨주지 못한 미안함이 공존하는 순간이었다. 그때 생각했다.
'나는 정말 인복 하나는 타고난 것 같다.'
제주에서 만난 사람들은 나에게 친구의 진짜 의미를 가르쳐줬다. 오래 알았다고 해서 친구가 아니라, 현재의 나를 이해하고 미래의 나를 응원해주는 사람이 진짜 친구라는 것을.
'친구(親舊)'가 아닌 '친구(親口)', 즉 진심을 담은 말로 소통할 수 있는 사람들과의 만남이 얼마나 소중한지 깨달았다. 그리고 그런 친구들은 언제 어디서든 만날 수 있다는 것도.
제주에서의 한 달이 내게 준 가장 큰 선물은 바로 이것이었다. 새로운 친구의 정의와 함께, 소중한 사람들을 만났다는 것.

―――――― ⑥ ――――――

그동안 나만 모르고 있었던 것들

여느때처럼 사장님과 함께 이불을 개고 있는데, 불쑥 이런 말을 했다.
"너랑 일하면 무언가 일이 깔끔하고 빠르게 잘 되는 것 같아."

문득 사장님이 본인은 칭찬에 인색하고 따뜻한 말을 잘 못한다며 아쉬워했던 것이 생각났다. 그런 분에게서 나온 말이라 더욱 와닿았고, 앞으로 더 열심히 해야겠다는 마음이 들었다. 앞으로 만약 내가 사장이 된다면 이렇게 칭찬을 많이 해서 직원들이 스스로 열심히 일할 수 있도록 도와야겠다는 생각도 들었다.

생각해보니 오랜만에 신입사원처럼 꽤 열정적으로 일했던 것 같다. 사장님의 피드백을 까먹지 않기 위해 리마인더에 적어두고 수시로 확인했다. 체크인 업무를 할 때도 나만의 노트를 만들어 혼선이 없도록 관리했다. 특정 시간에 진행되는 업무는 항상 1분 전에 알람을 맞춰놓고 제시간에 진행했다. 파티 준비 시 테이블 세팅을 잊지 않기 위해 완성된 모습을 사진으로 찍어 수시로 확인하기도 했다. 이런 열정을 취업준비 시기와 신입사원 초반 때 이후 오랜만에 느껴봤다.

한편으로는 회사 생활하면서 들었던 칭찬들도 하나둘 떠올랐다. 본인이 잘 모르는 업무라며 나에게 질문하고 고맙다고 했던 파트장님, 납기보다 빠르게 일을 처리했을 때 고생했다며 하이파이브를 쳤던 부장님, 매달 고객에게 나가는 리포트의 데이터 정리를 해줘서 고맙다고 했던 부장님…

특정 분야에서 거의 과장급 일도 맡아 팀에서 주는 월간 우수 공적자도 네 번 수상했으며, 그 성과를 인정받아 상위 고과를 받아보기도 했다.

그동안 다른 것들에 신경 쓰느라 정작 내가 하고 있는 일에 대한 회의감만 커지고 회사에 대한 인식만 나빠졌던 것 같았다. 그렇게까지 할 필요는 없었는데 복직해서는 좀 더 회사를 사랑하고 일과 삶의 밸런스를 잘 조절해야겠다는 생각이 들었다.

고객 응대도 처음에는 긴장을 많이 했지만, 시간이 지날수록 점점 익숙해졌다. 어느 순간부터는 돌발 상황에도 당황하지 않고 처리할 정도가 되었다. 게스트들에게도 종종 친절하다는 칭찬을 받았고 몇몇 게스트는 사장님께 직접 이야기해주기도 했다. 그럴 때마다 뿌듯함이 밀려왔고 그렇게 말해주는 게스트들에게도 감사했다. 이후엔 자신감이 생겨서 안내를 하다가 스몰토크를 하기도 하고 밝고 좋은 인상으로 고객을 맞이하는 방법을 조금씩 배워갔다.

어느 날은 파티에서 게스트분이 사장님에게 나는 어떤 스태프인지 물어봤다. MBTI에서 T가 거의 100%인 경상도 사나이 사장님이 나에 대해서 어떻게 얘기할지 내심 궁금했다.

"괜찮은 놈이에요."

웃으면서 던진 그 한 문장. 더 이상의 부가적인 설명도 없었지만, 그 단순한 문장이 나에게는 엄청나게 큰 감동으로 다가왔다.

누군가에게는 이게 무슨 큰 칭찬이냐고 생각할지도 모르겠다. 하지만 사장님에게 '괜찮다'는 말은 일반 사람들에게 '좋다' 그 이상의 의미였다. 그분의 성향을 알기에 그 단순한 한 마디가 더욱 값지게 다가왔다. 오랜만에 느껴보는 인정이었다. 하지만 돌이켜 보니 이런 인정은 회사 생활에서도 끊임없이 있었다. 내가 인지하지 못했을 뿐.

이것을 휴직을 하고 제주에 와서야 느낄 수 있었다. 매일 출근하던 사무실에도 분명 있었던 인정이, 바다 건너 제주의 게스트하우스에서야 비로소 눈에 들어온 것이다.

번아웃으로 지쳐있을 때는 보이지 않던 것들이 거리를 두고 나니 선명하게 보였다. 회사 동료들의 감사 인사, 상사들의 격려, 성과에 대한 인정... 그 모든 것들이 사실은 늘 그 자리에 있었다.

가장 가까운 곳에 있던 답을, 가장 먼 곳에서 찾게 된 것이다. 제주에서의 경험은 내게 새로운 관점을 주었다. 일에 대한 열정도, 인정받는 기쁨도, 성장하는 즐거움도 모두 내 안에 있었다는 것을. 단지 지쳐서 보지 못했을 뿐이라는 것을.

　다시 돌아가서는 이것들을 놓치지 않아야겠다고 다짐했다. 그 소중한 인정들을.

　새로운 곳에서 새로운 것들을 하면서 기존에 내가 몰랐던 나의 모습을 발견하게 되었다.

　음악을 사랑하는 사장님 덕분에 파티룸에는 스피커와 마이크가 항상 준비되어 있었다. 사장님은 가끔씩 게스트분들에게 양해를 구하고 본인이 부르고 싶은 노래를 부르곤 했다. 게스트분들도 원하면 언제든 자유롭게 노래할 수 있었다.

　나도 평소에 노래 부르는 것을 좋아한다. 퇴근길에 갑자기 생각나면 혼자 코인노래방에 가고, 회식이나 친구들과 술을 마신 후라면 거의 100% 직행한다. 하지만 친구들을 제외한 사람들 앞에서는 불러본 적이 없었다. 특히 이렇게 모르는 사람들 앞에서는 상상도 못했다.

　초반에 사장님이 몇 번 권유했지만 매번 다음에 하겠다며 미뤘다. 그러다 어느 순간부터 속으로 '진짜 언젠가는 해야지' 하는 생각이 들기 시작했다.

　그날도 사장님이 노래를 부르고 자연스럽게 "한 곡 할래?"라고 물었는데, 이상하게 바로 알겠다고 대답했다. 근처에 노래방이 없어서 노래를 안 부른 지 꽤 되어 목이 근질근질했었나 보다. 그날은 파티가 있어서 게스트분들이 있었지만 아랑곳하지 않았다. 그냥 내가 하고 싶은 것을 해보자는 생각이었다. 그리하여 내 인생 첫 번째 라이브 공연이 시작됐다.

　노래방처럼 에코가 빵빵하지 않아서 처음엔 당황했지만, 이내 적응했다. 목소리가 그대로 드러나는 것이 오히려 더 진솔하게 느껴졌다. 무사히 완곡하자 다른 스태프와 사장님, 게스트분들이 박수를 쳐줬다. 이렇게 나의 첫 번째 공연은 성공적으로 마무리되었다.

　이 경험으로 용기가 생겼고 이후로도 몇 번 더 노래를 부르곤 했다. 그리고 이를 계기로 6월 남해 한 달 살이 때 마늘축제 가요제에 꼭 나가야겠다는 생각이 들었다. 상을 타든 못 타든 상관없었다. 그냥 내가 부르고 싶은 노래 한 곡 하고 내려오는 것이 그렇게 어려운 일이 아니라는 것을 처음 알게 되었다.

　제주에 있으면서 평소에 보던 뉴스나 부동산, 경제 관련 내용들을 일체 보지 않았다. 온전히 이 시간에 집중하고 싶었고, 3년 6개월 동안 열심히 일한 나에게 주는 선물의 시간이라고 생각했다.

　처음 생각했던 예산보다는 훨씬 많이 썼지만 후회되지 않았다. 오히려 앞으로 남은 휴직 기간에도 추억을 사는 일에는 돈을 아끼지 않겠다는 생각이 들었다.

　후회에는 두 가지 종류가 있다. 안 해보고 '해볼걸' 하며 후회하는 것과 해보고 '하지 말걸' 하며 후회하는 것. 이중에서 두 번째 후회가 더 좋을 것 같았다. 해보고 나서 후회하는 것은 최소한 경험이라는 것을 얻기 때문이다. 설령 실패했더라도 그 과정에서 배운 것들, 느낀 감정들, 새롭게 알게 된 나 자신의 모습들이 남는다. 하지만 해보지 않고 후회하는 것은 상상 속의 아쉬움만 남을 뿐 아무것도 남지 않는다. 더 중요한 것은 '해볼걸' 하는 후회는 평생 따라다니지만, '하지 말걸' 하는 후회는 시간이 지나면 오히려 웃어넘길 수 있는 추억이 되기도 한다는 점이다. 그래서 망설여진다면 일단 해보자는 마음으로 살기로 했다.

제주에 있던 한 달은 나에게 도전의 연속이었다. 낯을 많이 가리는 내가 낯선 사람에게 먼저 말을 걸고, 낯선 사람들과 여행을 하고, 익숙하지 않은 것들을 경험해보는 시간이었다.

그리고 그 경험들은 나에게 잊지 못할 추억으로 남아주었다.

제주에서 안 해본 것들에 도전했던 것처럼, 앞으로 남은 11개월도 안 해본 것들로 채워가는 하루하루가 될 것이라는 생각이 들었다.

그 과정 속에서 나도 몰랐던 나의 모습들을 알아갈 생각에 가슴이 뛰기 시작했다.

사람들 앞에서 노래를 부르는 것도, 낯선 사람과 친구가 되는 것도, 계획에 없던 모험을 떠나는 것도 모두 가능했다. 단지 용기가 부족했을 뿐이었다.

제주에서의 한달은 내게 그 용기를 주었다. 완벽하지 않아도 괜찮다는 것을, 실패해도 괜찮다는 것을, 그리고 가장 중요한 것은 시작하는 것이라는 걸 가르쳐줬다. 그리고 그 첫 번째 페이지가 성공적으로 써졌다는 것에 더없이 행복했다. 다음 페이지에는 어떤 나의 모습이 기다리고 있을까. 설렘과 기대를 품은 채 제주에서의 마지막 밤을 보내고 다시 육지로 돌아왔다. 떠나는 비행기에서 창밖으로 점점 멀어지는 제주를 바라보며, 마음 한켠이 묘하게 따뜻해지는 것을 느꼈다. 이것이 끝이 아니라 또 다른 시작이라는 것을, 그리고 그 시간이 내 안에 남아 앞으로의 길을 훤하게 비춰줄 것만 같았다.

온전히 나를 위한 한 달

| 남해 한 달 살이

── ① ──

걸어서 남해속으로

무더운 여름의 시작을 알리는 6월, 경상남도 남해군으로 떠났다.

남해를 선택한 이유는 단순했다. 내가 선택한 게 아니라 선택된 것이었다. 휴직기를 준비하던 중 우연히 '남도 한 달 살기' 프로그램을 알게 되었고, 운이 좋게도 처음 지원했던 남해군에 바로 선정되었다. 물론 계획서는 자기소개서를 쓸 때처럼 정말 열심히 썼다. 남해에서 경험한 것을 홍보하는 대신 숙박 및 체험비를 지원받는 프로그램이었다. 일종의 남해 홍보대사가 된 셈이다.

남해와 제주는 같은 한 달 살기였지만 목적이 달랐다. 제주에서는 다양한 사람들과 만나기 위해서였다면, 남해에서는 또 다른 나와 만나기 위해서였다. 제주에서와는 다른 경험과 감정을 느낄 수 있을 것 같았다. 한껏 설레는 마음으로 한 번도 와 본 적 없는 낯선 땅에 발을 디뎠다.

남해터미널에 처음 도착했을 때의 느낌을 한마디로 표현하면, 시골

할머니를 만난 느낌이었다. 현재 할머니 두 분 모두 시골에 살고 계시는데 그곳은 명절 때마다 힐링하러 가는 나만의 아지트이기도 하다. 남해에서도 그 아지트의 느낌이 났다. 그래서 더 좋았다. 북적거리지 않고 한적한, 사람들의 때가 묻지 않은 청정한 지역.

하지만 그만큼의 단점도 분명히 있었다. 가장 큰 문제는 역시 교통수단이었다. 시골 특성상 버스 배차 간격도 길어 자동차가 없으면 이동하기 힘든 것이 현실이었다. 처음엔 렌트카를 알아봤는데, 업체도 별로 없고 한 달간 장기 렌트는 더더욱 찾기 어려웠다. 다음으로 떠올린 스쿠터도 상황은 마찬가지였다. 마지막으로 생각한 것은 자전거였다. 당근마켓에서 자전거를 저렴하게 사서 한 달간 이용하고 다시 나눔을 할 계획이었다. 때마침 적절한 매물이 있어서 거래 약속까지 잡았다.

그런데 거래 하루 전날, 다른 지역으로 이동해야 해서 어쩔 수 없이 버스를 이용하게 되었다. 그날 하루 종일 버스를 타면서 생각이 완전히 바뀌었다. 오히려 도시에 있을 때보다 버스가 시간에 맞춰 정확히 왔고 걸어 다니며 하는 여행의 묘미를 알게 되었다. 평소 여행할 때는 대부분 자동차를 이용했기에 주변 풍경을 제대로 본 적이 없었다. 이번 기회에 그동안 놓쳤던 것들을 해보기로 했다. 거래하기로 했던 분께 정중히 양해를 구하고 한 달간의 뚜벅이 생활을 본격적으로 시작했다.

버스 시간은 정확했지만 배차 간격이 최소 한 시간은 기본이었다. 그래도 상관없었다. 기다리는 동안 버스 정류장에 앉아 e-book으로 책을 읽었다. 시간에 얽매이거나 조급할 필요가 전혀 없었기에 여유로웠다. 그 여유로움 속에서 버스 정류장은 나만의 작은 도서관이 되었다. 이런 경험 또한 평소 같았으면 해보지 못했을 것이라는 생각이 드니 더욱 특별하게 느껴졌다.

뚜벅이 생활은 결론적으로 탁월한 선택이었다. 아무도 없는 시골길은 나만의 노래방이 되기도 했다. 도로의 자동차와 길가의 나무들이 관객이 되어줬고, 나는 원 없이 부르고 싶은 노래들을 불렀다. 관객들은 앵콜을 요청하지 않았지만 노래는 멈추지 않았다. 어떤 날은 노래를 너무 많이 불러 목이 쉬기도 했다. 물론 지나가다 어르신이 계시면 얼른 볼륨을 줄였다. 그리고 웃으며 씩씩하게 인사를 드리곤 했다. 평소의 나였으면 그냥 지나쳤을 텐데, 남해에서는 조금 다르게 행동해보기로 했다.

손자처럼 반갑게 인사해주시는 분들도 있었고, '이 청년은 뭐지?' 하며 그냥 지나가시는 분들도 있었다. 그래도 인사는 멈추지 않았다. 어쩌면 앞으로 다시 만날 일은 없겠지만, 그 어르신의 기억 속에 어떤 낯선 청년의 인사가 신선한 추억으로 남을 수도 있다는 생각 때문이었다. 남해 곳곳을 두 발로 걸으며 느낀 것들은 지금껏 해왔던 여행들과는 사뭇 다른, 새로운 경험이었다.

남해 곳곳을 걸어 다니다 보면, 나무에 초록색과 분홍색 끈이 매달린 것을 볼 수 있다. 남해에서 이 끈을 발견했다면, 그곳은 '바래길'의 한 구간이다. 남해 바래길은 23개 코스로 구성된, 남해 곳곳을 연결하는

240km가 넘는 해안 트레킹 코스다. 제주 둘레길과 비슷한 느낌이라고 보면 된다. 사실 바래길을 사전에 알고 간 것은 아니었다. 완전히 우연한 발견이었다.

첫 번째 숙소에 도착한 지 얼마 안 됐을 때였다. 산책할 겸 숙소 주변을 돌아다니다가 '앵강다숲마을'이라는 표지판을 보게 되었다.

'앵강? 뭔가 생소한 이름인데, 한번 가볼까?'

생경하게 느껴졌지만 그만큼 새로워서 뭔가 끌림이 있었다. 앵강다숲마을은 앵강만과 그 주변의 숲이 함께 어우러진 작은 마을이었다. 숙소에서 40여 분을 걸어 마을에 도착했다. 사실 처음엔 약간 실망했다. 곳곳에 공사를 하고 있어서 소음과 먼지가 많았기 때문이다. 그날따라 햇빛도 매우 뜨거워서 더위를 식힐 겸 바로 앞에 보이는 건물로 들어갔다.

그 건물은 남해 바래길 탐방 안내센터였다. 입구에는 바래길의 모든 코스를 완보한 분들을 기념하는 명예의 전당이 있었다.

'와, 240km를 전부 다 걸었다고...?'

이것저것 구경하는데, 한쪽에서 공무원으로 보이는 분들이 모여 이야기를 나누고 있었다. 나도 모르게 귀를 기울여 들어보니 흥미로운 대화가 오가고 있었다.

"남해 바래길 앱에서 코스 인증을 할 때 시속 4km가 넘으면 인증을 안 해주거든요."

"아, 그럼 뛰면 안 되는 거네요?"

"네, 걷기 전용이라서요. 그런데 다음 업데이트로는 러닝, 자전거 코스도 만들 계획이에요. 그때는 반대로 특정 시속을 넘어야 인증이 되도록 할 거고요."

한 분은 남해 바래길을 직접 기획하신 담당자분이었고, 나머지 분들은 영덕군청 관계자분들로 보였다. 영덕에서도 비슷한 사업을 하려고 남해 바래길 사례를 벤치마킹하러 온 것 같았다.

'이런 지자체 사업도 재밌겠네.'

문득 나중에 이런 일을 해보는 것도 괜찮겠다는 생각이 들었다. 막연한 상상이지만, 먼훗날 아내와 둘이 이런 한적한 시골 마을에서 살며 지자체를 위한 사업을 해보면 어떨까 하는 생각이었다.

바래길 코스를 완주하면 각 코스마다 귀여운 배지를 하나씩 준다. 그리고 전체 코스를 완주하면 인증서와 명예의 전당에 이름을 올릴 수 있다.

'제주에서 한라산 등반하고 받은 인증서가 그렇게 뿌듯했는데…'

남해 바래길도 욕심이 났다.

"전체 완보하려면 얼마나 걸릴까요?"

"최소 보름에서 한 달은 잡으셔야 해요."

아쉽지만, 한 달 동안 남해 홍보대사로서의 일정을 소화해야 했기 때문에 다음에 기약하기로 했다.

"아, 그런데 한 달에 한 번 단체로 바래길을 걷는 행사가 있어요."

다른 관계자분이 말을 이었다.

"마늘축제 기간과 겹치긴 하는데 관심 있으시면 신청해보세요."

단체로 바래길을 걷는 경험도 특별할 것 같았다. 그래서 그 자리에서 바로 신청했다. 더위를 식히려고 우연히 들어간 센터에서 바래길에 대한 설명과 단체 바래길 신청, 비즈니스 인사이트까지 얻은 알찬 시간이었다.

단체 바래길 행사 날이 밝았다. 이번 코스는 '임진성길'로 약 15km 정도 되는 꽤 길이가 있는 코스였다. 셔틀버스를 타고 집결지인 평산항 작은미술관에 도착했다. 하나둘씩 참가자들이 모이자 관계자분이 이번 행사에 대해 안내를 해줬다.

'어? 저분 어디서 봤는데?'

자세히 보니 전에 앵강다숲마을에서 영덕군청 관계자분에게 설명을 해주던 기획자분이었다. 혼자 내적 친밀감을 느끼며 안내 사항에 집중했다.

"날이 더워서 그렇지 그렇게 힘든 코스는 아니에요. 다들 무사히 완주하실 수 있을 겁니다!"

모두 함께 화이팅을 외치고 본격적으로 걷기 시작했다.

얼마 안 가서 보인 평산항 마을 전경은 믿을 수 없을 정도로 아름다웠다. 아직 초입이라 사람들 모두 즐겁게 웃으면서 그림 같은 풍경에 감탄했다. 나는 선두 그룹에서 걸었는데, 한창 산길을 오르다 잠시 뒤를 돌아봤다. 좁은 산길을 한 줄로 길게 늘어져서 올라오는 참가자들을 보니 옛날 군대에서 행군하던 것이 떠올랐다.

'벌써 전역한 지도 7년이 되었구나.'

새삼 시간이 빠르다는 것을 다시 한번 느끼고 다시 걷기 시작했다.

한창 산길을 오르니 어느덧 이번 코스의 메인인 임진성에 도착했다. 임진성은 통일신라시대에 남해안으로 침입하는 왜구를 방비하기 위해 처음 쌓은 산성이다. 현재의 이름인 임진성은 임진왜란 때 군·관·민이 힘을 합쳐 왜적을 막기 위해 성을 쌓았다는 데서 유래했다고 한다.

꽤 높은 곳에 있어서 아래로 넓은 논과 밭, 마을까지 한눈에 담을 수 있었다. 관계자분이 드론으로 하늘에서 찍은 사진을 보여줬는데, 임진성 전체가 한눈에 보이고 그 사이를 지나가는 참가자들의 모습이 인상적이었다. 산을 내려와서 도로도 걷고 마을 길도 걸었다. 바래길은 남해의 구석구석을, 평소에는 놓치기 쉬운 곳들을 두 눈으로 보고 느끼며 걸을 수 있다는 것이 가장 큰 장점이다.

두 번째 휴식 후 얼마 안 가서 다시 잠깐 멈췄다.

'어? 방금 쉬었는데 왜 또 멈추지?'

"이제 이번 코스에서 가장 경사가 가파르고 힘든 구간이 나옵니다. 먼저 가실 분들은 추월해 가시고 정자에서 기다려주세요!"

관계자분들이 계속 선두에서 길을 안내했는데, 이번 구간만은 각자 페이스대로 가라고 했다. 마음을 단단히 먹고 오르기 시작했는데... 예상보다 더 힘들었다. 그전에는 예쁜 곳이 있으면 사진도 찍었는데, 이젠 그런 생각이 전혀 들지 않았다. 높은 경사가 끝도 없이 계속 이어졌다.

갑자기 오기가 생겨 한 번도 쉬지 말고 가보자는 생각으로 멈추지 않고 계속 올라갔다. 어느 순간 내 앞에는 아무도 없었다. 가장 힘들었을 때의 심박수를 보니 180이 넘고 있었다. 힘들었던 경사 구간이 끝나니 상대적으로 편한 코스가 이어졌다. 저 멀리 정자가 보일 때는 얼마나 기뻤던지…

'빨리 도착해서 편하게 쉬어야지!'

정자에 도착해서 바라본 아난티 남해의 풍경은 한 폭의 그림처럼 아름다웠다. 왜 이곳에 정자를 만들었는지 충분히 납득이 갔다. 이후 도착한 사람들 모두 환상적인 풍경에 감탄을 금치 못했다. 그동안의 힘듦은 다 잊혀질 정도로 황홀했다. 얼른 도착해서 편하게 쉬어야겠다는 생각도 잊은 채 넋을 놓고 풍경만 바라봤다.

황홀했던 순간을 뒤로하고 다시 걸으니 어느새 끝이 보이기 시작했다. 목적지인 서상항 근처는 바다 쪽을 걷는 코스였다. 왼편에 바다를 끼고 시원한 바람을 맞으면서 걸으니 더없이 행복했다. 마지막 골인 지점에는 관계자분들이 서 있었다.

"고생 많으셨습니다!"

도착하자마자 박수를 치며 환영해줬다. 마라톤이라도 완주한 것마냥 기뻤고 안전하게 완주할 수 있게 해준 관계자분들에게도 감사했다. 바로 앞에서 인증 기념 배지를 받는데 임진성 모양의 배지가 디테일도 좋고 귀여웠다. 이번 행사 전에도 혼자 바래길을 몇 번 걸었지만, 이렇게 다 같이 걷는 것도 또 다른 매력이 있었다.

돌이켜보니 바래길과의 만남은 완전한 우연이었다. 더위를 피하려고 들어간 건물에서 시작된 모든 일들이 말이다. 만약 그날 햇빛이 뜨겁지 않았다면? 만약 탐방 안내센터가 아닌 다른 건물로 들어갔다면? 나는 바래길을 알지도 못했을 것이고 단체 행사에 참여할 기회도 없었을 것이다. 우리 인생에는 이런 작은 우연들이 참 많다. 평소라면 그냥 지나쳤을 표지판을 유심히 본 것도, 더위를 피해 건물에 들어간 것도, 그곳에서 들은 흥미로운 대화도 모두 작은 우연이었다. 하지만 그 작은 우연들이 모여 새로운 경험과 깨달음을 만들어냈다.

중요한 건 우연을 그냥 우연으로 흘려보내지 않는 것인 것 같다. 앵강이라는 생소한 이름에 호기심을 가지고, 더위를 피해 들어간 곳에서 귀를 기울여 듣고, 낯선 행사에도 용기를 내어 신청해보는 것. 그런 작은 행동들이 쌓여 예상치 못한 경험을 만들어내고, 그 경험은 또 다른 나를 발견하게 해준다.

휴직 전의 나였다면 바래길이라는 말을 들어도 '아, 그런 게 있구나' 하고 넘어갔을 것이다. 하지만 지금의 나는 달랐다. 작은 호기심이라도 끝까지 따라가 보려고 했고, 그 덕분에 15km를 완주하는 뿌듯함까지 느낄 수 있었다. 인생에서 가장 소중한 경험들은 계획된 것보다 우연히 마주친 것들에서 나오는 경우가 많은 것 같다.

── ② ──

안 내면 진 거, 가위바위보!

　남해 한 달 살이를 6월로 정한 특별한 이유가 있다. 바로 남해에서 가장 큰 축제인 남해마늘한우축제가 매년 6월 열리기 때문이다. 축제 프로그램에서 가장 눈에 띄었던 것은 단연 가요제였다. 제주 게스트하우스에서 성공적인 데뷔무대를 마친 나는, 한껏 자신감이 올라간 상태였다. 이번 가요제를 통해 무대에서의 나는 어떤 모습일지 궁금하기도 했다.

　'평소에 자신 있는 노래를 해야 할까? 아무래도 어르신들이 많을 테니 트로트를 해야 할까? 다 같이 따라 부를 수 있는 떼창곡을 해야 할까?'

　남해로 출발하기 전부터 시작된 고민은 남해에 도착해서도 계속됐다. 남해의 이곳저곳을 걸어서 여행할 때, 걷는 길은 나만의 연습 무대가 되었다. 여러 후보곡들을 부르며 녹음해서 들어보기도 했다. 어떨 때는 중요한 오디션을 앞둔 연습생처럼, 어떨 때는 콘서트에서 열창하는 유명한 가수가 되어보기도 했다. 철저한 준비를 마치고 예선 참가 신청을 위해 관계자에게 연락했는데 충격적인 소식을 들었다.

"올해부터 타지역 거주민들은 가요제에 참여가 불가능합니다."

청천벽력 같은 말이었다. 너무나 아쉬웠다. 나의 끼를 발산할 수 있는 첫 번째 기회였는데 이렇게 허무하게 끝난다는 것이 속상했다. 아쉽지만 나의 정식 데뷔 무대는 다음을 기약하기로 했다. 축제는 총 4일간 진행됐는데, 어쩌다 보니 매일 참여하게 되었다. 한 축제에 이렇게 오래 참여해본 것은 살면서 처음이었다. 이 정도면 남해 홍보대사로서의 임무를 충실히 다한 게 아닐까 싶었다. 나흘 동안 다채로운 프로그램들이 진행됐다. 시니어 패션쇼부터 여러 가수들의 축하 무대, 읍면 대항전 게임까지 눈과 귀가 즐거운 시간이었다. 그중에서도 가장 기억에 남는 것은 한우 경매쇼였다.

3일간 하루에 한 번씩 남해의 특산물을 경매로 판매하는 이벤트가 진행됐다. 1~2회차 때는 현금을 안 가져와서 참여할 수가 없었다. 그래서 마지막 3회차에 모든 것을 걸기로 했다. 한우를 낙찰받아서 친구들이 놀러올 때 같이 먹을 생각이 있었기 때문이다. 결전의 날, 총알을 두둑하게 챙겨 경매가 시작되기 20분 전부터 맨 앞자리를 사수했다. 드디어 경매가 시작됐다. 이날에는 한우가 총 5개 걸려 있었다. 순간 나는 전략가로 빙의했다.

'앞의 두 번은 낙찰되는 흐름을 보면서, 세 번째나 네 번째에 승부를 걸자!'

나름 괜찮은 전략이라 생각해 혼자 뿌듯해했다. 첫 번째 한우 경매는 내 앞자리에 있는 분이 6만 5천 원에 낙찰받았다. 원가는 10만 원이었다.

'음, 저 정도면 나쁘지 않네.'라는 생각을 하고 있을 때, 갑자기 두 번째 경매가 시작됐고 사회자가 외쳤다.

"650원!"

가장 먼저 사회자의 손에 정확히 650원을 올려놓는 사람이 낙찰받는 일종의 이벤트였다. 빳빳한 지폐밖에 없었던 그 순간이 얼마나 아쉽던지... 이렇게 2개의 한우가 순식간에 사라지고, 세 번째 경매도 이와 비슷한 이벤트로 진행됐다. 슬슬 마음이 초조해지기 시작했다.

'남은 2개도 이벤트로 진행되면 어떡하지? 다음이 정식 경매라면 무조건 낙찰받아야겠다!'

사회자가 내 생각을 읽었는지 네 번째는 정식 경매로 진행됐다. 나는 목소리에 힘을 주면서 초반부터 강하게 밀어붙였다. 무조건 낙찰받는다는 나의 의지이자 기선제압이었다. 생각해보니 이렇게 사람이 많은 곳에서 무언가를 적극적으로 해본 적이 없었다. 회사에서 소극적이고 조용해진 나의 모습과는 전혀 다른, 오랜만에 보는 모습이었다.

"6만 원!"

"6만 5천!!"

"7만 2천!!!"

어느새 첫 번째 낙찰가를 넘어섰고, 경합은 나와 50대쯤 되어 보이는 한 분만 남았다. 나는 '10만 원보다만 싸면 된다'는 마음으로 조금씩 금액을 올려갔다. 하지만 상대도 만만치 않았다.

둘 다 멈출 기세를 보이지 않자 사회자가 우리 둘에게 말했다.

"자, 두 분 진정하시고 일어나 보세요."

사회자가 처음 나를 보더니 물었다.

"학생 아니에요? 돈은 있어요?"

"스물아홉이에요. 돈은 충분히 있습니다!"

아무래도 어르신들이 많이 계셔서 상대적으로 어려 보였나 보다.

'술집에서 민증검사 안 한 지도 오래됐는데...'

그래도 어려 보인다는 말에 내심 기분은 좋았다.

"그럼 가위바위보로 정하죠. 조금 특별하게! 진 사람에게 한우를 5만 원에 드리도록 하겠습니다."

그때부터 내 머릿속은 어떻게 하면 질까 하는 생각들로 온갖 시뮬레이션이 그려지고 있었다. 그러는 사이 사회자가 외쳤다.

"안 내면 진 거! 가위바위보!"

나는 손을 뻗는 그 직전의 순간까지 수많은 고민하다가 바위를 냈다. 저 멀리 상대방의 손을 보니 손가락이 다 펴져 있었다. 내가 졌다. 아니, 내가 한우를 받으니 내가 이긴 거다!

무슨 로또 1등이라도 당첨된 것처럼 기뻤고 앞자리에 있던 분들도 본인 일처럼 같이 얼싸안고 좋아했다. 생각해보니 사회자가 '안 내면 진 거'라고 해서 그냥 안 냈으면 한우를 가져갈 수도 있었다.

　사실 전날 경매에서도 이런 방식을 쓰는 것을 알고 있었다. 근데 막상 내가 그 당사자가 되니 하나도 생각이 나지 않았다. 한바탕 소동이 끝나고, 나는 마치 전투에서 승리한 장군처럼 기세등등하게 한 손에는 한우 박스를 들고 남은 축제를 즐겼다.

　그동안 축제는 구경만 하는 것이라고 생각했는데, 이렇게 적극적으로 참여하니 완전히 다른 재미가 있었다. 더 중요한 건 오랜만에 내 안에 숨어있던 적극적인 모습을 발견했다는 것이다.

　회사 생활하면서 점점 수동적이고 소극적으로 변해가던 내가, 이 순간만큼은 어렸을 때의 적극적이고 주도적인 모습으로 되돌아가고 있었다. 휴직이 단순히 쉬는 시간이 아니라 잃어버렸던 나 자신을 찾아가는 여정이라는 것을 다시 한번 깨닫는 시간이었다.

―┤ ③ ├―

두 개의 하늘에서 찾는
인생의 리듬

앵강다숲마을에 갔을 때, 마을 가운데 쉼터 같은 곳이 있었다. 이곳저곳 구경하던 모습을 지켜보던 관계자분이 말을 건넸다.

"날도 더운데 커피 한 잔 마시며 쉬었다 가세요."

"아, 네 감사합니다."

마침 목도 마르던 참이라 잠시 쉬기로 했다. 커피를 들고 옥상 야외로 나가니 썬베드가 있었다. 자연스럽게 누워 하늘을 바라봤다. 날은 맑았지만 구름도 조금 있었다. 그 순간 문득 이런 생각이 들었다.

'살면서 이렇게 구름을 유심히 쳐다본 적이 있었던가?'

어렸을 때는 몰라도 회사 생활을 시작한 후로는 없었다. 잠시 생각에 잠겨 있을 때쯤 다시 하늘을 보니, 어느새 구름이 저 멀리 이동해 있었다.

'와 저렇게 빨리 움직인다고?'

인생도 이것과 비슷하지 않을까하는 생각이 들었다. 매일 똑같은 출근길, 똑같은 업무, 똑같은 퇴근길을 반복하며 살다 보면 시간이 정지한 것 같다. 아무것도 변하지 않는다고, 그저 제자리걸음만 하고 있다고 느낀다. 회사에 합격해 좋아서 소리 지르던 날이 엊그제 같은데, 어느덧 4년 차가 되어 이제 신입사원이라고 말하기도 어색한 연차가 되었다. 그 반복되는 일상 속에서도 조금씩이지만 분명하게 변해왔던 것이다. 문제는 우리가 그 변화를 놓치고 있다는 것이다.

구름이 다 지나가고 나서야 '어, 구름이 벌써 이동했네' 하고 깨닫는 것처럼, 시간이 한참 지나서야 '아, 내가 많이 달라졌구나' 하고 뒤늦게 알아챈다. 그보다는 지금 이 순간 내가 어떤 방향으로 흘러가고 있는지 의식적으로 관찰하는 것이 필요하다는 생각이 들었다. 반복되는 일상 속에서도 작은 변화들을 인지하고, 그 변화가 내가 원하는 방향인지 스스로에게 물어보는 것. 그런 의식적인 성찰이 있어야 인생의 방향을 스스로 정할 수 있지 않을까?

마이크로소프트 창업자 빌 게이츠는 한 인터뷰에서 개인의 성장과 발전을 위한 지속적인 노력을 강조하며 이렇게 말했다.

"인생에서 가장 중요한 일은 매일 자신이 배우고 성장하고 있는지 점검하는 것이다."

이처럼 자신을 돌아보고 반추하는 과정이야말로, 내 인생의 방향을 스스로 설계하게 해주는 나침반이 된다는 것을 느꼈다.

두 번째 숙소에서의 하늘도 잊지 못한다. 남해에서는 두 개의 숙소에서 각각 15일씩 머물렀다. 첫 번째는 남해 중앙에 있는 이동면의 미국마을에 있는 펜션, 두 번째는 남해 동남쪽 끝에 있는 미조면의 답하마을에 있는 독채 시골집에서 지냈다. 그중에서 독채 시골집만이 가지고 있는 특별한 무기가 있었는데, 그것은 바로 옥상에 있는 평상이었다. 나는 매일 오후 그곳에서 하늘을 바라봤다. 높은 건물 하나 없는 작은 시골마을에는 옥상만 올라가도 온 동네가 훤히 내려다보였다. 같은 시간, 같은 장소임에도 매번 다른 그림이 펼쳐졌다. 실시간으로 변해가는 하늘을 바라보면 내 마음도 한결 편해지고 평온해지는 것을 느꼈다. 저멀리 설리해수욕장으로 넘어가는 태양을 바라보며 마지막 날의 회사에서 지고 있던 태양의 모습이 떠올랐다. 그때의 '나'와 지금의 '나'는 완전히 다른 사람이었다. '3개월 만에도 이렇게 달라질 수 있구나.'

퇴근 시간을 기다리며 '언제 또 이슈가 터지지 않을까' 하루하루 버티며 살아가던 '나'와, '오늘은 또 어떤 새로운 일이 펼쳐질까? 오늘의 하늘에선 어떤 그림이 그려질까?' 생각하는 '나'는 완전히 달랐다. 하루하루가 설렘으로 가득 차 있었다.

나는 그곳에서만큼은 베짱이가 되었다. 먼 남해까지 무거운 기타를 가져온 보람을 그곳에서 느낄 수 있었다. 평상에 앉아 기타를 치며 노래했다. 기타를 배운 지 얼마 안 되어 연주할 수 있는 곡은 얼마 안 됐지만, 그건 중요하지 않았다. 기타를 치다가 손이 아프거나 재미없으면 좋아하는 노래를 틀고 그 자리에 누워 하늘을 바라봤다. 하늘색 스케치북에 몇 마리의 새들이 잉크로 찍은 작은 얼룩인 것처럼 단조로운 하늘에 재미를 더해줬다. 완벽한 기타 실력이 아니어도, 완벽한 날씨가 아니어도, 그 모든 것이 모여 완벽한 오후를 만들어냈다.

여느 날도 하루 일정을 마치고 옥상으로 올라가 평상에 누워 하늘을 바라봤다. 날씨가 하루 종일 흐렸고 구름도 많아서 오늘은 볼 게 없을 거라고 생각했다.

그냥 내려갈까하는 생각이 있었지만 시원한 바람이 좋기도 해서 조금만 더 남아 있기로 했다.

그런데 해가 거의 다 질 때쯤 신기한 광경을 보았다. 구름들 사이에서 보라색 빛이 은은하게 빛나기 시작한 것이다. 거의 내려간 햇빛이 반사되어 일부 부분만 보이는 것 같았는데 그 모습이 너무나 신기했다. 갑자기 구름도 많이 사라져 남은 구름들과 빛이 마치 한 마리의 커다란 새 같은 형상을 하고 있었다.

'와...'

평소 같았으면 날이 흐려 풍경이 예쁘지 않을 것 같아서 진작에 내려갔을 텐데, 가장 아름다운 하이라이트는 마지막에 있었다. 끝날 때까지 끝난 게 아니었던 것이다.

그 순간 문득 깨달았다. 평소에 내가 얼마나 성급하게 포기했는지를.

해보지도 않고 겁먹거나, 조금 해보고 '나는 아닌 것 같아' 하면서 금방 포기하는 일이 종종 있었다. 회사에서도, 새로운 도전에서도, 인간관계에서도 마찬가지였다. 하지만 그날의 하늘이 보여준 것처럼, 가장 아름다운 순간은 포기하고 싶을 때 조금 더 참고 기다리면 찾아오는 것 같다. 끝까지 해보지 않으면 절대 알 수 없는 것들이 분명히 있다. 어쩌면 우리가 찾는 행복이란 거창한 성취나 완벽한 순간이 아니라, 이런 소소하고 불완전한 순간들 속에 숨어 있는 것 같다. 끝까지 포기하지 않고 그 순간에 머물 때 비로소 보이는 것들 말이다.

―| ④ |―

남해에 살고 있는 청년들

　남해에서 또다른 특별한 경험을 했다. 바로 남해에 살고 있는 청년들과 만날 수 있는 기회였다.
　남해에 있는 청년센터에선 매번 다양한 프로그램을 진행한다. 6월의 프로그램 중 차를 마시며 서로의 이야기를 하는 '차담차담' 프로그램이 있었다. 대화 주제는 '두려움을 뛰어넘는 것에 대하여'였다.
　'딱 내 이야기잖아?'
　막상 휴직을 결심했지만, 그 뒤로 다가오는 현실적인 두려움들이 있었다.
　'동기들보다 늦어지는 진급은 어쩌지? 복직해서 잘 적응할 수 있을까?'
　온갖 두려움이 머릿속에 가득했다. 하지만 나는 이러한 두려움을 뛰어넘었고 정면으로 맞서고 있었다. 남해에 살고 있는 청년들은 어떤 두려움을 겪고 있고 그것을 어떻게 이겨내고 있을지 궁금했다. 다행히 프로그램에 선정되었고 설레는 마음으로 그날을 기다렸다.

 행사 당일, 읍내에 있는 '청년센터 바라'에 도착했다. 샌드위치와 보리차를 받고 자리에 앉았다. 총 9명의 참석자들과 청년센터 관계자분들도 일부 참여해서 꽤 인원이 많았다.
 이번 주제로 프로그램을 이끌어주신 분은 경남 창원에서 살다가 남해로 내려와 이곳에서 요가를 알리고 교육하는 일을 하고 있었다.
 "수도권이나 제주 같은 곳엔 요가가 활성화되어 있지만, 제가 처음 왔을 때만 해도 이곳에선 요가와 관련된 것들이 하나도 없었어요."
 강사님의 말을 들으니 그 두려움이 어느 정도였는지 짐작이 갔다. 연고지도 없는 곳에서, 도시가 아닌 시골에서, 청년보다 어르신이 많은 곳에서 요가를 처음 시작한다는 건... 상상만 해도 막막했다.
 "그래서 처음엔 엄청 두렵고 막막했어요. 과연 이곳에서 요가가 받아들여질까? 혹시 이상한 눈으로 보지 않을까? 매일 그런 생각들로 잠이 오지 않더라고요."
 '맞아...나도 휴직 전엔 온갖 걱정들로 잠 못 드는 밤이 많았지...'
 "하지만 어느 순간까지 계속 두려워만 할 수는 없잖아요. 그래서 처음엔 그냥 해수욕장에 가서 매트를 깔고 혼자 요가를 했어요."
 '와, 엄청난 용기네.'
 혼자서 해수욕장에 매트를 깔고 요가를 한다는 것 자체가 대단한 용기였다. 사람들의 시선이 부담스러웠을 텐데 말이다.

"그렇게 혼자 해수욕장에서 요가를 한 지 6개월 정도 됐을 무렵, 주변 마을 관계자분께서 마을에서 요가 강의를 해줄 수 있냐는 제안을 받았어요."

아마도 마을 관계자분은 6개월 내내 혼자서 요가하고 있는 강사님을 유심히 관찰하고 있었을 것이다. 그 꾸준함과 진정성을 지켜본 거였다.

"그러면서 남해에서의 첫 요가 수업이 시작됐어요. 그 이후 청년센터와도 인연이 되어서 남해에 있는 청년들에게도 요가 수업을 하게 됐고, 남해군과 연계해서 다양한 프로그램을 진행하게 됐어요."

강사님의 이야기를 들으며 이런 생각이 들었다. 결국 본인이 좋아하는 일을 꾸준하게 하다 보면 언젠가 기회는 오게 된다는 것을. 그리고 그 시작은 작은 용기와 꾸준함이라는 것을.

두려워서 아무것도 하지 않고 생각만 하는 것보다, 작은 것이라도 꾸준히 하다 보면 언젠가 빛을 발하는 순간이 온다는 것을 다시 한번 느꼈다. 나 역시 휴직이라는 두려운 선택을 했지만, 지금 이 순간을 꾸준히 만들어가고 있었다. 강사님처럼 6개월 후에는 어떤 새로운 기회가 찾아올지 모르는 일이었다. 두려움 때문에 머뭇거리지 말고, 조금이라도 한 걸음씩 앞으로 나아가는 것이 중요하다는 것을 느끼게 해준 순간이었다.

또다른 분은 소프트웨어 엔지니어로 일하다가 아내, 자녀와 함께 남해로 내려와 펜션 사업을 하고 있었다. 알고 보니 이전 직장이 나와 같은 그룹의 계열사였고, 동질감이 느껴져 더욱 반가웠다. 이야기를 듣다 보니 갑자기 궁금한 것이 생겨 질문했다.

"직장인의 삶과 지금의 삶 중에서 어떤 삶이 더 행복하세요?"

약간의 생각에 잠기더니 의외의 대답이 돌아왔다.

"반반이에요."

당연히 지금의 삶이 더 행복하다는 대답을 예상했는데 말이다.

"물론 남해에 있는 지금이 가족과 더 많이 시간을 보낼 수 있는 건 행복한 일이지만, 현실적으로 경제적인 부분을 무시할 수 없는 것 같아요. 또한 자영업이다 보니 하루하루 수많은 고민을 하게 되는 걸 보니 오히려 직장인일 때가 마음이 편했던 것 같기도 해요."

직장인은 정해진 날짜에 정해진 급여를 받지만, 자영업은 모든 것이 불확실하다. 끝없는 걱정이 이어지기 마련이다. 많은 직장인들이 퇴사를 꿈꾸곤 한다. '퇴사를 하면 행복한 인생이 펼쳐지지 않을까?' 하는 생각은 누구나 한 번쯤 해보았을 것이다.

이분의 이야기를 듣고 나서 한 가지 깨달았다. 마냥 힘들다고 회사를 나오는 것보다 확실하게 내가 하고자 하는 것이 있고, 그것을 진심으로 즐길 수 있어야 지치지 않고 끝까지 해낼 수 있다는 생각이 들었다. 그저 '회사가 싫어서' 퇴사하는 것과 '정말 하고 싶은 일이 있어서' 퇴사하는 것은 완전히 다른 차원의 문제였다.

프로그램이 끝난 후 연락처를 주고받았고, 나중에 친구들과 함께 요트 투어를 하러 놀러 오라고 했다. 그날 저녁에는, 그동안 회사에 대해 궁금했던 것이 많았는지 따로 연락이 와 요즘 회사는 어떤지 물어보기도 했다. 이렇게 남해에서 또 하나의 인연이 생겼다.

　차담차담에서 만난 두 분의 이야기는 나에게 서로 다른 관점을 보여줬다. 요가 강사님은 두려움을 뛰어넘고 작은 용기로 시작해서 꾸준함으로 성공을 만들어낸 이야기였다. 펜션 사장님은 퇴사 후의 현실적인 어려움과 그 속에서도 균형을 찾아가는 이야기였다.
　두 이야기 모두 내게 소중한 교훈을 줬다. 도전에는 용기가 필요하지만, 그 용기는 단순한 도피가 아닌 진정한 목표와 열정에서 나와야 한다는 것을. 그리고 어떤 선택을 하든 완벽한 행복은 없지만, 자신만의 균형점을 찾아가는 것이 중요하다는 것을. 남해 청년센터의 작은 공간에서 나눈 차 한 잔의 대화가, 내 휴직 여정에 또 다른 의미를 더해주었다.

―― ⑤ ――

어서와~ 남해는 처음이지?

    한 달간 남해에 머무는 동안, 직접 찾아와 준 반가운 손님들이 있었다. 먼저 제주에서 같이 스태프 생활을 했던 친구들이다. 제주살이가 끝나갈 무렵, 툭 던진 '시간되면 남해로 놀러와'라는 말을 흘려듣지 않고 지켜준 친구들에게 감사했다. 축제에서 낙찰받은 한우와 친구들이 사온 돼지고기로 고기파티를 하고, 2차로 위스키 파티를 했다. 간이 노래방을 만들어 마이크도 없이 생목으로 노래를 부르기도 했다. 오랜만에 만난 친구들 덕분에 힐링을 했던 시간이었다.

    그 시간 중에서도 특히 기억에 남는 순간이 있다. 같이 오후 업무를 했던 동생이 하루 먼저 와서 둘이 시간을 보냈다. 남해에서 처음으로 아는 사람을 만난 나는, 고삐 풀린 망아지마냥 신나게 떠들어댔다. 말을 지나치게 많이 해서 입이 마를 지경이었다. 마침 동생이 도착한 날이 차담차담 행사날이었고, 같이 읍내에서 저녁으로 먹을 음식을 포장해서 버스를 타고 집으로 왔다. 동생에게 가장 먼저 자랑하고 싶은 건 단연 옥상이었다. 시간도 딱 일몰 시간이어서 금상첨화였다. 매일 보는 하늘이었지만, 누군가와 함께 보는 하늘은 또 다른 매력이 있었다.

다음 날, 이른 아침부터 비가 쏟아지기 시작했다. 모처럼 손님이 왔는데 집에서 대충 먹는 건 아쉬워서 비바람을 뚫고 미조면의 최고 핫플레이스까지 안내했다. 얼마 전 영업시간 때문에 실패했던 중식당을 다시 찾았는데, 기대한 대로 맛있었다. 식사를 마치고 다시 집으로 돌아가는 것을 생각하니 막막했다. 도보로 20분 정도 걸리는 길을, 다시 한 번 비바람을 뚫고 지나가야 했기 때문이다. 그러던 중 갑자기 동생이 말했다.
"형 우리 그냥 비 맞으면서 갈래?"
"우산 안 쓰고 그냥 가자고?"
"응! 사실 비 맞으면서 걷는 게 내 버킷리스트 중 하나인데, 여기서 하면 딱 좋을 것 같아서."
평소에 이런 생각을 해본 적은 없지만, 잠깐 들어보니 너무 재밌을 것 같았다. 그리하여 우린 접힌 우산을 손에 들고 그대로 비를 맞으며 걷기 시작했다. 낭만적이라고 하기엔 꽤 비가 많이 와서 앞이 잘 안 보였지만, 우리의 즐거움과 행복감은 가로막지 못했다. 자유로운 영혼이 된 듯한 느낌이었다.
그 순간 이번 휴직기의 테마곡이었던 악뮤의 'freedom' 가사가 떠올랐다.

'옷 없이 걷고 싶어 아무 상관없이 시선.'

우산이라는 옷 없이 사람들의 시선 따윈 신경 쓰지 않고 걷고 있는 우리의 모습과 딱 맞아떨어졌다. 온몸으로 자유를 느끼며 걷다 보니 어느새 숙소에 도착해 있었다. 이대로 들어가기엔 아쉬웠다. 동생도 그런 눈치였다.

"여기 앞에 해수욕장 있는데 거기까지 가볼래?"

"좋아!"

숙소에서 도보로 30분 정도 걸리는 설리해수욕장까지 다시 걷기로 했다. 도로에 지나가는 차를 보며 얘기했다.

"차 안에 있는 사람들이 우릴 보면 무슨 생각을 할까? 미쳤다고 생각하겠지?"

동생과 나는 저절로 웃음이 새어 나왔다. 어느덧 해수욕장에 도착했는데 갑자기 비바람이 더욱 거세게 몰아쳤다. 물이 차갑기도 하고 비도 많이 와서 약간 무섭기도 했다. 그래도 이 순간을 남기고 싶어 동생과 함께 사진을 많이 찍었다. 폰이 물에 젖든 말든, 우리의 셔터는 멈추지 않았다. 비를 맞은 지 꽤 오랜 시간이 지나자 슬슬 몸이 차가워지는 것을 느꼈다.

"집까지 뛰어서 갈까?"

몸에 열을 내기 위한 대처 방안이었다. 빗속을 뛰어가니 뭔가 극기훈련을 온 것 같은 느낌이었다. 마침 곧 열리게 될 파리올림픽을 준비하는 국가대표의 느낌으로 수중구보까지 완료했다. 길었던 훈련을 마치고 따뜻한 물로 샤워를 하고 침대에 누우니 천국이 따로 없었다. 그리곤 꿀맛 같은 낮잠을 잤다. 이때 휴직하고 처음으로 자유로움이라는 것을 느꼈다. 사실 휴직하고 바로 제주살이를 했고, 다시 올라와서도 매일 규칙적인 생활을 하고 있었다. 앞서 목표했듯이 나태해지지 않기 위함이었다.

하지만 때로는 이런 자유로움도 필요하다는 것을 느꼈다. 가끔씩은 일상에 이런 변칙을 주면서 얻는 새로운 인사이트들이 생긴다. 우리가 여행을 떠나는 이유도 이런 것 같다.

매번 여행을 갈 순 없으니, 이렇게 일상에 작은 변칙을 통해 여행의 효과를 얻는 것은 어떨까? 비를 맞으며 걷고, 계획에 없던 모험을 하고, 순간의 충동을 따라가는 것. 그런 작은 일탈들이 모여 진짜 자유로움을 느끼게 해주는 것 같다.

얼마 뒤 또 다른 친구가 놀러왔다. 가장 친한 친구가 입사를 앞두고 남는 시간을 이용해 남해로 내려온 것이다. 남해 정복을 거의 마무리하고 있을 즈음, 친구에게 남해 홍보대사로서의 임무가 막중했다. 3박 4일간의 일정 중 날씨가 맑은 날이 하루뿐이라서 그 하루에 모든 것을 쏟기로 했다.

오전 7시. 이른 아침부터 집을 나섰다. 렌트카가 있는 읍내까지는 한 시간 정도 버스를 타고 가야 했다. 렌트카를 빌리고 출발한 첫 번째 목적지는 보리암이었다. 보리암은 남해의 대표적인 관광지로, 우리나라 3대 관음성지 중 하나인 사찰이다. 사실 친구랑 오기 며칠 전에 혼자 보리암에 갔었다. 보리암이 있는 금산을 직접 오르며 힘겹게 도착했는데 연무가 심해서 아무것도 보이지 않았다. 다음을 기약하며 아쉬운 마음으로 내려왔었는데, 이날은 날씨가 좋아서 다시 한번 도전해보기로 했다.

또다른 입구인 복곡주차장에 주차를 하고 들어섰는데 바로 편백나무들이 반겨줬다. 남해에서 유독 편백과 함께한 시간들이 많았고, 그 매력에 점점 빠져들고 있던 참이었다. 토피아랜드에 있는 편백 숲에서의 힐링, 바래길을 걸으면서 만났던 편백나무들, 편백나무는 남해 여행의 빠질 수 없는 즐거움이 되어버렸다. 조금 올라가니 전망대 같이 보이는 곳이 있었다. 사람들이 모여있길래 우리도 발걸음을 멈췄다.

그리곤 눈앞에 펼쳐진 광경에 할 말을 잃었다. 끝없이 이어지는 산능선과 그 너머로 펼쳐진 바다, 조각조각 떠 있는 섬들까지... 마치 살아있는 풍경화가 눈앞에 펼쳐진 듯했다. 사진 찍기가 취미인 친구도 한동안 풍경을 담기 위해 이리저리 움직였다. 한껏 상기된 마음으로 다시 걷기 시작하니 금방 보리암에 도착했다. 친구와 해수관음상을 보며 기도를 드리고 내려가려다가 이전에 봤던 쌍홍문이 떠올랐다. 돌아가는 방향과는 반대였지만 혹시 이전과는 다를까 하여 가보기로 했다.

다시 만난 쌍홍문은 전혀 다른 모습을 하고 있었다. 며칠 전엔 연무 때문에 아무것도 보이지 않았는데, 그 안 보였던 공간에는 그림 같은 풍경들이 들어 있었다. 친구도 신이 났는지 끊임없이 사진을 찍었다. 풍경에 감탄하며 이런저런 사진을 찍으니 어느새 30분이 훌쩍 지나 있었다. 포토 타임을 마친 뒤, 이곳에서 빼놓을 수 없는 라면을 먹었다. 아래로 내려다보이는 절경 위에서 먹는 라면은 상상 이상이었다. 첫 일정부터 만족해하는 친구의 모습을 보니, 남해 홍보대사로서 뿌듯함이 밀려왔다.

  보리암을 정복하고 바로 상주은모래비치로 물놀이를 하러 갔다. 남해에는 많은 해수욕장이 있고 여러 군데를 직접 가봤지만, 이곳만한 곳이 없었다. 이름처럼 고운 은모래의 백사장이 매력적인 곳이었다. 햇빛도 세지 않아서 물놀이하기 딱 좋았다. 친구와 물싸움도 하고 각자 수영도 하면서 물놀이를 했다. 이후 친구가 모래찜질을 시켜줬는데 코만 빼고 모든 곳을 빈틈없이 모래로 채워서 나중에는 숨 쉬기가 약간 힘들 정도였다. 친구의 지극한 정성에 감동했던 순간이었다.
  그러면서 20대 초반에 동네 친구들과 이렇게 놀았던 날들이 떠올랐다. 물론 그때도 이 친구와 함께 했었다. 매년 여름마다 강원도에 있는 해수욕장에서 모래찜질하며 물놀이를 하고, 저녁에는 맛있는 회와 소주, 새벽까지 놀고 돌아와 한강에서 저녁까지 꽉 채워 놀던 날… 이제는 이렇게까지 놀긴 힘들지만, 이때의 시간들 덕분에 10년이 되어가는 지금도 웃으면서 추억할 수 있는 것 같았다.
  모래찜질을 마치고 친구랑 목마 태우기 놀이를 시작했다. 갑자기 왜 시작한건지 아직도 이유를 모르겠다. 목마 태우기는 쉬워서 그다음 단계로 한 사람이 다른 사람의 어깨 위에 올라선 상태에서 사진을 찍어보기로 했다. 위치도 바꿔보고 나름 전략을 짜면서 해봤는데 어려웠다. 수십 번을 시도했는데 번번이 실패했다. 떨어질 때마다 먹는 물 때문에 둘 다 어느새 지쳐버렸다. 나중에 보니 친구 어깨에는 멍이 들어 있었다. 남자들이 평균 수명이 짧다는 연구 결과를 우리 스스로 증명하는 순간이었다.

신나게 물놀이를 하고 독일마을로 향했다. 남해 독일마을은 1960~70년대 경제 발전을 위해 독일로 파견된 한국 광부와 간호사들이 은퇴 후 귀국해 정착할 수 있도록 남해군에서 조성한 마을이다. 일단 배가 고파서 약간 늦은 점심을 먹기로 했다. 원래 가려던 곳이 있었는데 마침 브레이크 타임이었다. 아쉬운 마음으로 근처에 비슷한 독일 음식을 파는 곳으로 들어갔다. 들어가니 야외에는 내가 좋아하는 빈백이 있었다. 날씨도 그렇게 덥지 않아서 야외에서 먹기로 했다.
둘 다 독일 음식은 처음이라 직원분께 추천받은 슈바인학센과 맥주와 음료를 주문했다. 슈바인학센은 독일식 족발 느낌인데 겉은 바삭하게 튀기고 속에 살코기는 부드러워 딱 겉바속촉의 느낌이었다. 빵에 고기랑 야채를 넣어 먹었는데 물놀이 후라 그런지 말도 안 되게 맛있었다. 같이 먹는 맥주까지 완벽한 조합이었다. 먹으면서 중간에 빈백에 누워 맑은 하늘을 보며 친구랑 이런저런 이야기를 나눴다. 맛있는 음식과 좋은 사람, 따뜻한 날씨와 푹신한 빈백까지 너무 행복하고 완벽한 시간이었다. 이후 독일마을 산책도 하고 기념품샵도 들렸는데 렌트카 반납까지 시간이 조금 있어 근처 바닷가로 가서 조금 쉬기로 했다. 창문을 조금 열어둔 채 시동을 끄고 시트를 뒤로 눕혀 노래를 들으며 휴식을 취하고 있었다. 선선한 바람과 신나는 노래로 행복한 시간을 보내는데 갑자기 모르는 번호로 전화가 왔다.

'스팸인가?'

한껏 경계를 한 채 전화를 받았다.

"안녕하세요. OO 출판사입니다."

"...네?"

사실 일주일 전에 이 책을 출판사 여러 곳에 투고했지만, 그동안 단한 곳에서도 연락이 없어 내 기억 속에서도 잊혀지고 있던 참이었다.

"투고해주신 거 확인했는데 같이 했으면 해서요, 언제 시간 괜찮으세요?"

'이거 진짜 맞나? 몰래카메라인가?'

나도 놀랐고 같이 듣고 있던 친구도 놀란 표정이었다. 얼떨결에 한 달 살이가 끝나는 7월 초로 미팅 날짜를 잡았다. 통화를 끊고 나서야 현실이라는 것이 느껴져 하늘을 찌를 듯이 기뻤고, 친구도 진심으로 축하를 해줬다.

"야, 대박이다! 축하해!"

"아직 믿기지 않네... 진짜로 책을 낼 수 있는 건가?"

돌이켜보니 이날은 하루 종일 행복한 일만 가득했던 하루였다. 남해에서 한 달 동안, 아니 하루로 치면 휴직기의 모든 날 중에서 가장 행복했던 날이었다. 그동안 커리어와 미래에 대한 고민이 많았던 친구도 지친 일상에서 벗어나 이곳 남해에서 제대로 힐링을 받았다고 얘기해줬다. 이런 얘기를 들으니 나도 덩달아 기분이 더 좋아졌다.

그리고 출판에 대한 첫 번째 희소식도 있던 날이었다. 휴직을 결심하면서부터 막연히 꿈꿔왔던 내 첫 번째 책을 내는 것이 현실로 될 수 있다는 가능성을 처음 확인한 순간이었다.

그 특별한 순간을 내가 가장 아끼는 친구와 함께 할 수 있었던 것도 큰 축복이었다. 혼자였다면 그저 기뻤을 텐데, 함께 기뻐해줄 사람이 있어서 그 기쁨이 배가 되었다. 남해의 아름다운 풍경, 친구와의 소중한 시간, 그리고 새로운 가능성에 대한 희망까지...

2024년 6월 26일은 평생 잊지 못할 Happy Day였다.

── ⑥ ──

혼자가 좋지만
혼자이고 싶지 않은 나

    분명 남해에서의 한 달은 제주에서의 시간과 달랐다. 제주에서는 매일 다른 사람들을 만나고 새로운 경험을 했다면, 남해에서는 절대적으로 혼자 보내는 시간이 많았다.
    나는 어릴 적부터 혼자 있는 것에 익숙한 아이였다. 가정을 위해 맞벌이로 바쁘게 살아가는 부모님을 보며 자연스럽게 혼자 보내는 시간이 많았다. 그리고 부모님에게 하는 투정이나 불평 따위는 괜한 근심과 걱정을 만드는 것이라고 생각했다. 그때의 나는 과묵한 장남이 되는 것이 부모님에게 걱정을 끼치지 않는 최선의 방법이라 생각했다.
    학교를 마치고 집에 돌아와도 내 방에서 혼자만의 시간을 보냈다. 거실에서 동생과 부모님이 TV를 보며 즐거운 시간을 보내도, 나는 혼자

방에서 쉬는 게 더 편했다.

　남해에서도 마찬가지였다. 매일 오후 옥상 평상에 누워 하늘을 바라보는 시간, 하루 종일 아무 말 없이 걸으며 노래를 부르는 시간들이 너무 소중했다. 누구에게도 방해받지 않고 누구의 눈치도 보지 않으며 오직 나만을 위한 시간이었다.

　하지만 제주 친구들이 남해로 와준 순간, 동생과 비를 맞으며 함께 걸어준 순간, 가장 친한 친구와 책 출간 소식을 함께 기뻐한 순간들을 떠올리면 전혀 다른 감정이 든다. 혼자일 때는 '나만의 온전한 시간'이었다면, 함께할 때는 '나누어 더 커진 행복'이었다.

　옥상에서 혼자 바라본 일몰도 아름다웠지만, 함께 본 일몰은 그 아름다움을 나눌 수 있어 더욱 특별했다. 당장 이 책에서만 봐도 다른 사람들과의 이야기로 이루어진 글이 많다. 그만큼 특별한 경험이라는 뜻이다.

　혼자만의 시간이 필요 없다는 것이 아니다. 다만 그것에만 매몰되어 '어차피 인생은 혼자'라는 생각에 갇히지 말라는 것이다. 제주에서 북스테이를 하며 읽은 손현녕 작가님의 『나를 더 사랑해야 한다』속 한 구절이 떠올랐다.

　'분명 혼자가 좋았는데, 혼자이고 싶지 않아 발버둥 치는 나를 만난다.'

　딱 내 이야기였다. 혼자만의 시간으로 가득 채우려고 했지만, 어느새 다른 사람을 찾고 있는 나를 발견하게 됐다. 인간은 사회적인 동물이라는 것을 절실하게 느꼈다. 인생은 어차피 혼자라는 말에도 공감한다. 그러나 그 말은 내 인생을 책임져주는 것은 오직 나뿐이라는 뜻이지, 타인의 도움을 바라며 수동적으로 살라는 의미는 아니다.

오히려 정반대다. 도움받기만 생각하지 말고 남에게 도움을 줄 방법을 고민해야 한다. 차담차담에서 만난 분들이 자신의 경험을 나누며 진솔한 이야기를 하는 것처럼 말이다.

결국 나는 혼자 있는 것은 좋아하지만, 혼자이고 싶지는 않다는 것을 처음 알게 되었다. 혼자만의 시간이 주는 자유와 평온함은 소중하다. 하지만 그 시간들이 의미를 갖는 것은, 결국 나누고 싶은 사람들이 있기 때문이다. 함께할 때 혼자였던 시간도 더 값지게 된다.

고독과 외로움은 다르다. 고독은 선택할 수 있지만, 외로움은 그렇지 않다. 나는 고독을 선택할 수 있는 사람이 되고 싶다. 혼자 있어도 외롭지 않고, 함께 있어도 진정으로 연결될 수 있는 사람. 남해에서의 한 달은 혼자의 시간과 함께의 시간, 그 둘 사이의 완벽한 균형을 찾아가는 시간이었다.

마지막으로, 류시화 시인의 시집 『당신을 알기 전에는 시 없이도 잘 지냈습니다』에서 가장 인상 깊었던 시를 소개한다.

함께, 혼자

인간은 필연적으로 혼자라고
당신은 말한다
그것이 부정할 수 없는 진실이라고
나는 고개를 끄덕이며
겨울 하늘을 손짓해 보인다
그곳에 야생 쇠오리 다섯 마리가 날고 있다
八자로 대열을 이루어
맨 앞에서 바람을 가르며 날던 새가 지치면
다른 새가 그 자리를 맡는다
우리는 함께, 혼자다
번갈아 가며
희망이 그 녹슨 빛깔 날갯짓에 있다

이 시를 읽으며 생각했다. 나도 결국 저 쇠오리들과 같다는 것을. 함께 있지만 혼자고, 혼자지만 함께인.

함께여서 가능했던 500km의 도전

| 자전거 국토종주

――――――――――――― ① ――――――――――――

언젠가 리스트에서 추억 리스트로

  자전거 국토종주. 누구나 한 번쯤은 생각해봤을 것이다. 언젠가 한 번은 꼭 해보고 싶다라고 말이다. 나도 그랬다. 하지만 그것도 다른 막연한 생각들과 비슷했다. 언젠가는 마라톤을 완주해보고 싶고, 언젠가는 세계 일주도 해보고 싶고... 그런 '언젠가' 리스트 중 하나였을 뿐이다. 이게 진짜 현실이 될 줄은 꿈에도 몰랐다. 남해로 놀러 왔던 가장 친한 친구가 10월 입사를 앞두고 있었다. 새로운 시작을 앞둔 친구와 함께 뭔가 특별한 추억을 만들고 싶었다. 그냥 평범한 여행이 아닌, 평생 기억에 남을 만한 무언가 말이다. 어느 날 유튜브를 보고 있는데 알고리즘이 자전거 국토종주 영상을 추천해줬다. 무더운 여름이 지나고 선선한 바람이 불기 시작하는 9월, 자전거 타기에는 더없이 좋은 계절이었다.
  '이거다!'
  순간 왠지 모를 확신이 섰다. 평소에 자전거를 타지도 않고 헬스장에서 사이클 운동조차 제대로 해본 적 없었지만 상관없었다. 이 친구와 함께라면 왠지 성공할 것 같다는 자신감이 생겼다. 게다가 사진 찍는 게 취미인 친구에게는 전국 방방곡곡 아름다운 풍경을 담을 수 있는 절호의 기회였다. 하루 종일 자전거만 타는 고행이 아니라, 중간중간 멈춰서 사진도 찍고 강이나 호수가 나오면 수영도 하는 그런 여유로운 여행이 될 거라고 상상했다. 이때까지는 참으로 순진했던 것 같다. 바로 친구에게 제안했다.

"우리 자전거 국토종주 할래?"

나의 열정적인 브리핑을 들은 친구도 흔쾌히 동의했다. 문제는 그다음이었다. 둘 다 자전거가 없었다. 다행히 대여하는 방법이 있어 이곳저곳 찾아봤는데, 장기 대여를 해주는 곳이 생각보다 많지 않았다. 서울에서 겨우 한 군데를 찾았는데 여기서부터 힘난한 여정이 시작됐다. 대여 업체의 일 처리는 한마디로 가관이었다. 계약서는 이상하게 보내주고 문의사항을 물어봐도 답장은 없고 나중에는 전화도 받지 않았다.

"이거 사기 아니야?"

"설마 그럴까... 그냥 바쁜 거 아닐까?"

하지만 속으로는 둘 다 불안했다. 비상대책회의 끝에 결론을 내렸다.

"일단 약속된 날에 매장에 가보자. 대여가 안 되면 그냥 기차여행으로 바꾸는 거야."

계약 당일 아침이 되었다. 아직도 업체에서는 연락이 없었다. 혹시 몰라서 기차표를 검색해보고 있었던 순간, 갑자기 전화가 왔다.

"아, 안녕하세요! 죄송합니다. 그동안 너무 바빠서 연락을 못 드렸어요. 대여는 당연히 가능합니다!"

담당자의 목소리는 너무나 밝고 자신만만했다. 마치 그동안의 연락 두절이 전혀 문제없었다는 듯이 말이다. 전화를 받기 전까지만 해도 '진짜 자전거 국토종주를 하게 될까?' 하며 반신반의했는데, 막상 현실이 되니까 갑자기 긴장이 되기 시작했다.

'어? 이거 진짜 하는 건가?' '우리가 자전거로 서울에서 부산까지?'

얼떨결에 국토종주가 시작됐다. 마지막 순간까지도 진짜로 하게 될 줄 몰랐던 일이, 어쩌다 보니 현실이 되어버린 것이다.

'우물 안 개구리 이야기'로 유퀴즈에 나왔던 김은주 구글 수석디자이너는 『생각이 너무 많은 서른 살에게』에서 이렇게 말했다.

'우리에게 필요한 것은 완벽한 준비가 아니라, 망설이는 나를 밀어줄 친구와 방아쇠를 당길 용기다.'

국토종주를 하기 위해서 완벽한 준비를 하려 했다면, 아마 출발조차 하지 못했을 것이다. 함께하는 친구가 있었기에 방아쇠를 당길 용기가 생겼다. 이미 방아쇠는 당겨졌다. 그 뒤에 무슨 일이 일어날지는 아무도 모르는 상태였다. 하지만 어떤 일이 닥치든, 그 과정에서 느끼고 배우는 것은 분명히 있을 거라고 확신했다. 지금껏 그랬던 것처럼.

② 천국과 지옥 사이 그 어디쯤에서

　4대강 자전거길은 총 4개의 큰 구간으로 나뉜다. 첫 번째는 인천 아라뱃길에서 시작하는 아라 자전거길, 두 번째는 서울에서 충북 충주까지의 남한강 자전거길, 세 번째는 충주에서 경북 문경을 넘어 상주까지의 새재 자전거길, 마지막으로 상주부터 부산 낙동강 하구둑까지 이어지는 낙동강 자전거길이다.

　우리는 자전거를 서울에서 대여했기 때문에 굳이 인천까지 돌아가지 않고 바로 서울에서 시작하기로 했다. 청량리 쪽에서 출발해 청계천을 따라 달리다 보니 어느새 남한강 자전거길에 접어들었다. 처음엔 그저 신났다. 잘 정돈된 자전거길과 바로 옆에 보이는 한강, 여유롭게 라이딩하는 사람들, 덥지도 춥지도 않은 딱 적당한 날씨. 모든 것이 조화로웠다.

　'이런 게 힐링이구나!'

자전거길에도 도로처럼 터널이 있었는데 어떤 곳은 일본 애니메이션에 나올 법한 시골 풍경 같기도 하고 또 어떤 곳은 배경음악까지 흘러나와 마치 영화 속을 달리는 기분이었다. 친구와 잠시 멈춰 사진을 찍고 다시 출발하고를 반복했다.

첫째 날에는 경기도 양평, 둘째 날에는 충북 충주에서 마무리했다. 이때까지는 꽤 괜찮았다. 라이더라면 공감할 안장통을 처음 경험해 힘들긴 했지만, 이 정도면 괜찮다고 생각하며 나름 잘 이겨냈다.

하지만 부산까지 힘들게 내려갈 걸 생각하니, 바로 올라오기엔 아쉬울 것 같아 일정을 하루 당기기로 했다. 부산에서 좀 더 여유롭게 즐기자는 의견에 둘 다 동의했다. 우리의 또 다른 친구 ChatGPT에게 남은 일정을 계산해 달라고 했다.

"하루에 최소 120km는 달려야 합니다."

이제 낭만 따위는 사치였다. 중간에 사진 찍고 구경하는 건 꿈도 꾸지 말라는 냉혹한 현실이었다. 내일부터 진짜 열심히 달려보자라는 굳은 의지를 갖고 잠이 들었다. 다음 날부터 시작될 지옥을 전혀 모른 채…

셋째 날, 충주를 벗어나 새재 자전거길의 충북 괴산에 들어섰다. 괴산에서 경북 문경으로 넘어가는 이화령은 악명 높은 고개로 소문이 자자했다. 그래서 체력을 비축해두기 위해 괴산 연풍면에서 잠시 쉬어 가기로 했다. 연풍면은 곳곳에 공사 중인 곳이 많아 어수선했고 길도 울퉁불퉁해서 라이딩하기 쉽지 않았다. 그래도 무사히 도착해 충분히 휴식을 취하고 다시 문경을 향해 출발했다. 한참을 달리다가 이정표를 봤는데 '청주'가 눈에 들어왔다.

 '어? 청주는 괴산보다 북쪽에 있는데...?'

 뭔가 이상하다는 생각이 드는 순간, 마침 우리 앞으로 자전거가 한 대 지나갔다.

 '아, 저분도 국토종주를 하는 분이구나. 이 방향이 맞나보네. '

 당연히 우리와 같이 서울에서 부산으로 내려가는 거라고 생각하고 계속해서 페달을 밟았다. 하지만 보이는 이정표마다 청주와 괴산 읍내만 나오고 문경이나 남쪽 지명은 보이지 않았다.

 "야, 잠깐만."

 앞서 가던 친구를 불러 세우고 지도를 확인했는데, 정확히 북쪽을 가리키고 있었다. 정반대 방향으로 가고 있던 것이다. 그 순간 그냥 그 자리에 주저앉고 싶었다.

 '분명히 국토종주길 표지판을 따라왔는데... 어디서부터 잘못된 거지?'

 알고 보니 충북 자전거길과 헷갈려서 엉뚱한 길로 빠진 것이었다. 지자체에서 만든 다른 자전거길이 국토종주길과 헷갈리게 표시되어 있었던 것이다. 문제는 시간이었다. 우리에게 여유는 없었다. 어쩔 수 없이 왔던 길을 그대로 되돌아가야 했다. 똑같은 길을 다시 똑같이 돌아간다는 절망감이란... 이전까지는 23~24km/h 페이스로 달렸는데, 이때는 20km/h도 내기 어려웠다. 몸도 마음도 완전히 꺾여버린 상태였다. 한 시간이 넘게 걸려서 처음 휴식을 취했던 그 자리 그대로 다시 돌아왔다. 시간은 시간대로 날리고, 체력은 체력대로 썼는데 제자리라니... 도저히 바로 출발할 수가 없어서 근처 마트로 피신했다. 무언가 보상이 필요했다.

'이럴 땐 당분 충전이 답이지'

빵과 우유, 그리고 아이스크림을 사들고 나왔다. 머리로는 짜증나고 힘들었는데 입안은 달콤하고 시원해서 기분이 조금씩 풀리기 시작했다.

'고작 먹는 것 하나로 멘탈을 회복하다니... 참 단순하네.'

괴산에서 악몽 같은 시간을 보낸 덕분에, 이후로는 조금이라도 헷갈리면 바로 멈춰 확인하는 습관이 생겼다. 소 잃고 외양간 고치는 격이었지만, 뒤늦게라도 고친 것이 다행이었다.

조금만 벗어나니 드디어 말로만 듣던 이화령이 모습을 드러냈다. 약간 떨렸지만 경사가 생각보다 급하지 않았고 대신 긴 오르막길이 끝없이 이어졌다. 하지만 이화령 정상에서 시작되는 내리막길은 웬만한 놀이기구보다 훨씬 짜릿했다. 도로에 차도 없어 브레이크 없이 쭉 달렸는데 최고 속도가 50km/h까지 올라갔다. 길고 길었던 오르막길만큼 내리막길도 길게 이어져 한참을 바람을 가르며 내려왔다. 괴산의 악몽은 완전히 잊힐 정도로 짜릿한 순간이었다. 산과 들이 아름다운 문경을 지나 어느새 경북 상주에 들어서면서 마지막 구간인 낙동강 자전거길에 접어들었다. 어느덧 해가 저물고 있었지만 우리의 페달은 멈추지 않았다. 그러다 보니 깜깜한 밤이 되었다. 앞서 가던 친구를 멈춰 세우고 긴급 대책회의에 들어갔다.

"이제 많이 어둡고 지치니까 이쯤에서 그만하고 내일 일찍 출발하는 건 어때?"

나는 원래부터 야간 라이딩을 할 생각이 없었다. 라이트 같은 장비도 제대로 준비하지 않았고 앞이 잘 보이지 않는 상태로 계속 가는 건 위험하다고 생각했다.

"오늘 구미까지는 가야 내일 일정이 편할 것 같은데... 조금만 더 가보자."

국토종주를 시작하고 처음으로 친구와 의견이 갈렸다. 앞으로의 일정이 빠듯한 건 사실이었다. 부산에서 여유롭게 즐기려면 어느 정도 희생은 필요했다. 게다가 근처에 마땅한 숙소도 없어 지금 멈추면 다시 뒤로 돌아가야 했다. 하지만 라이트 없는 야간 라이딩은 위험 그 자체였다. 만약 사고라도 난다면... 생각만 해도 끔찍했다. 둘 다 나름의 논리가 있어서 쉽게 물러서지 않았다. 잠시 조율의 시간을 가진 끝에, 구미까지는 가지 않고 그 중간 지점, 약 17km 앞 숙소까지만 가기로 합의했다. 칠흑 같은 어둠을 뚫고 달리던 중, 상주의 어느 시골길에서 문득 하늘을 올려다봤다. 그 순간 눈앞에 펼쳐진 광경은 황홀 그 자체였다. 마치 누군가 검은 도화지에 다이아몬드 가루를 뿌려놓은 것 같았다.

'별이 이렇게나 많다니...'

주변에 가로등도 없고 집도 없어서 별들이 더욱 선명하게 빛나고 있었다. 친구와 잠시 자전거를 세워두고 그대로 도로 한복판에 누워 하늘을 바라봤다. 도시에서 나고 자란 우리에게, 이런 별하늘은 완전히 새로운 세계였다. 이 장관을 어떻게든 담고 싶어서 휴대폰으로 사진을 찍어봤지만 잘 담기지 않았다. 그래서 그냥 내 두 눈을 카메라라고 생각하기로 했다.

'아, 이거구나. 사람들이 왜 국토종주를 하는지 알겠다.'

이날은 괴산에서 멘탈이 바닥을 치고, 이화령을 넘고, 처음으로 야간 라이딩까지 하며 몸도 마음도 많이 지친 하루였다. 하지만 이렇게 도로에 누워 밤하늘의 별을 바라보니 그날 있었던 모든 힘든 일들이 한순간에 사라졌다. 그냥 별 보는 것에만 집중했다. 이렇게 우주의 에너지를 받고 다시 힘차게 페달을 밟기 시작했다. 밤 10시, 경북 의성의 한 숙소에 도착했다. 저녁도 못 먹은 상태라 얼른 씻고 근처 편의점에서 늦은 저녁을 해결하며 하루를 마무리했다.

이날은 처음으로 '진짜 너무 힘들다'라는 말이 입 밖으로 나온 날이었다. 하지만 동시에 라이딩 노하우도 쌓이고 어떻게 페이스를 조절해야 하는지 온몸으로 체득하고 있었다. 국토종주를 시작하고 처음으로 친구와 의견이 달랐지만, 결국 적당한 타협점을 찾아 무사히 숙소에 도착할 수 있었다. 늦은 저녁을 먹으며 맥주 한 캔을 나누어 마시니 그날의 피로가 싹 날아가는 느낌이었다.

"내일은 이것보단 힘들지 않겠지?"

"오늘 많이 달렸으니 내일은 좀 괜찮지 않을까?"

이날도 충분히 힘들었지만, 이보다 훨씬 더 무시무시한 시련이 우리를 기다리고 있었다. 하지만 그땐 그런 줄 몰랐다. 무지가 때로는 축복인 법이다.

―― ③ ――

죽음의 박진고개

    넷째 날 아침, 다시 힘차게 일정을 시작했다. 경북 구미에 들어서자 거대한 LG디스플레이 사업장이 보였다. 갑자기 대학교 4학년 때 디스플레이공학 수업을 들었던 것이 떠올랐다.
    '어쩌면 여기서 일했을 수도 있겠네.'
    국토종주의 또 다른 재미였다. 낙동강이 워낙 길게 이어져 있어 여러 지자체를 지나갈 때마다 새로운 풍경이 눈에 들어왔다. 어릴 적 나는 지리를 무척 좋아했다. 내비게이션이 없던 어린 시절, 자동차의 뒷자석에서 전국교통지도 책을 펼쳐 놓고 상상으로 전국 곳곳을 여행하던 기억이 떠올랐다. 그때 지도 속에서만 보던 장소들을 이제 나이가 들어 직접 눈으로 마주한다는 것에 감회가 새로웠다.
    그렇게 경북 칠곡을 넘어 어느새 대구에 도착했다. 대구에 도착하니 확실히 공기가 달라졌다. 낮 시간임에도 바람이 뜨거웠고, 그동안 라이딩하면서 느꼈던 기온과는 차원이 다른 느낌이었다. 강정고령보에 도착해서 점심으로 오리불고기를 먹었다. 더위로 지친 우리에게 최고의 점심이었다.

배를 든든하게 채우고 한참을 달리고 있는데, 갑자기 뜬금없는 장소에서 절이 나왔다. '무심사'라는 절이었는데, 이곳이 자전거길이 맞나 싶어 친구와 지도를 여러 번 확인했다. 괴산에서의 악몽이 떠올라 몇 번을 봤는데도 경로는 맞았다. 하지만 경사가 매우 심해서 도저히 갈 엄두가 나지 않았다. 나중에 확인해보니 최대 경사도가 약 26%로 국토종주에서 가장 높은 경사도 구간이었다. 이때부터 슬슬 어두워지기 시작해서 지체할 시간이 없었다.

끌바(바이크를 손으로 끌고 가는 것)를 하면서 경사를 오르는데 정말 미칠 것만 같았다. 그냥 오르기도 힘든 경사를 무거운 자전거를 끌면서 올라가려니 죽을 맛이었다. 낑낑대며 올라가는데 중간에 절이 한눈에 들어오는 스팟이 있었다.

"이렇게 힘든데 사진이라도 좀 남기자!"

사진 찍을 힘도 안 났지만, 조금 쉬면서 '오히려 좋아' 마인드로 사진을 여러 장 찍었다.

이날의 목표였던 경남 합천에 도착했지만 내일을 위해 힘이 날 때까지 달려보기로 결정했다. 목표는 숙소가 몰려 있는 경남 창녕의 남지읍으로 정했다. 그렇게 밤길을 정신없이 달리고 있는데…우려했던 사고가 발생했다. 앞서 가던 친구가 갓길에 있는 차선 기둥에 걸려 넘어진 것이었다. 휴대폰으로 지도를 보면서 가고 있던 친구는 바로 앞에 있던 기둥을 보지 못하고 부딪혔다.

"야, 괜찮아?"

"으... 조금 있으면 괜찮아질 것 같아."

다행히 친구는 크게 다치지 않았고, 조금 휴식을 취하니 괜찮다고 했다. 하지만 친구가 다친 사실 자체도 그렇고, 그동안 걱정했던 상황이 실제로 발생했다는 사실이 더 마음을 더 무겁게 했다. 라이트도 없이 휴대폰 손전등으로 앞을 비추고, 중간중간 지도를 보며 갔으니 앞을 못 볼 만도 했다. 충분한 휴식을 취하고 다시 출발하려고 하는데 이번엔 친구의 자전거가 문제였다. 사고로 인해 자전거 체인이 벗겨져 다른 곳에 끼어버린 것이었다. 친구가 안간힘을 써도 체인은 빠지지 않았고 나도 온갖 힘을 써봤는데 꿈쩍도 하지 않았다. 페달을 못 굴리면 발로 땅을 차면서 가야 하는데 남은 거리는 약 30km였다. 주변에 아무것도 없는 시골 마을이라 무조건 목적지까지는 가야 했다. 막막한 상황이었다. 고민하고 있던 중에 갑자기 친구가 외쳤다.

"야, 됐다!"

체인을 빼내는 데 성공한 것이다. 평소에도 하나에 꽂히면 끈질기게 해내는 친구의 성격이 빛을 발한 순간이었다. '길에서 자진 않겠구나.' 하는 생각으로 다시 달리기 시작했다. 그때 시간이 이미 밤 9시를 넘긴 후였다. 이대로 무사히 숙소까지 간다는 생각은 우리만의 착각이었다.

우리 앞엔 죽음의 박진고개가 기다리고 있었다. 전날에 나무위키로 간단하게 읽었는데 이화령만큼 악명이 높은 고개였다. 다만 밤에 박진고개를 넘을 생각은 하지 못해서 아직 각오는 되어 있지 않은 상태였다.

박진고개 초입. 가로등도 없고 지나가는 차도 없는 빈 도로에 끝이 안 보이는 오르막이 펼쳐졌다. 이번에도 끌바를 하면서 올라가는데 하체가 타들어가는 느낌이었다. 도저히 계속 오를 자신이 없어 한 걸음 올라가다 멈추고, 다시 두 걸음 올라가다 멈추고를 반복했다. 나중에는 자전거를 세워두고 그냥 도로에 드러누워버렸다.
"아... 진짜 힘들다... 미쳐버릴 것 같아."
군대 전역 이후 이렇게 육체적으로 힘든 적이 오랜만이었다. 마치 유격훈련을 연속으로 두 번 하는 느낌이었다. 박진고개를 오르다 보면 낙석 방지용 펜스 곳곳에 분필이나 스크래치가 남겨져 있다. 국토종주를 했던 사람들의 온갖 불평과 욕설로 도배된 실사판 리뷰를 볼 수 있다.
'저 사람들은 저런 것들을 적을 에너지가 남아 있었나?'
저거 쓸 시간에 조금이라도 쉬는 게 낫지 않나 하는 생각이 들었지만, 약간 을씨년스러운 분위기와 험한 말들이 더해지니 묘하게 동질감도 느껴졌다.
'아, 나만 힘든 게 아니구나.'
친구와 말없이 끌바만 계속하는 동안, 텅 빈 도로에는 거친 숨소리만 가득했다. 그러다가 갑자기 스스로에게 화가 나기 시작했다.

'원래 목표였던 합천 근처에서 쉬고 다음 날 일찍 나가는 게 낫지 않았을까?'

'왜 미리 확인을 안 해서 이렇게 늦은 시간에 박진고개를 넘게 되었을까?'

후회들이 점점 분노로 바뀌고 있었다. 그 누구도 아닌 나에 대한 화였다. 그 순간에도 친구는 화이팅을 외치며 계속해서 힘을 불어넣어줬다. 그러다가 마침내 정상에 도착했다. 사실 정상에 오르기 전까지만 해도 혹시나 그 위에 더 남아 있을까 봐 두려웠다.

"이제 끝이다!"

이후 내리막길을 내려오는데 얼마나 시원하고 행복하던지… 아무도 없는 곳에서 친구와 소리를 맘껏 지르며 내려왔다. 박진고개를 넘어서도 꽤 많은 거리를 달렸다. 어려운 길은 없었지만, 도로가 워낙 어둡고 위험해서 끝까지 긴장을 놓칠 수 없었다.

중간에 친구가 잠깐 멈추더니 배가 너무 고파 쓰러질 것 같다고 했다. 그러고 보니, 대구에서 먹은 점심 이후로 아무것도 먹은 것이 없었다. 하지만, 당장 먹을 것도 없었고 친구와 나는 이미 지칠 대로 지친 상태였다.

"조금만 더 힘내보자. 내가 앞장설게."

평소보다 천천히 페달을 밟으며 친구가 뒤처지지 않도록 속도를 맞춰줬다. 가끔씩 뒤를 돌아보며 친구가 잘 따라오는지 확인했다. 고속도로 옆을 지나고 나니 저 멀리 불빛이 보이기 시작했다. 밤하늘의 가로등에 달려드는 나방들처럼, 그 불빛이 우리의 마지막 희망이라는 듯 무작정 달려들었다.

드디어 목표했던 창녕 남지읍에 도착했다. 의성 낙단보에서 시작해서 창녕 남지읍까지, 무려 177km라는 거리를 12시간이라는 긴 시간 동안 달려온 징글징글한 하루가 드디어 막을 내렸다.

우린 곧바로 편의점으로 달려갔다. 중간에 물도 부족했어서 바로 물 한 병과 떨어진 당분을 위해 젤리를 먹었는데 감동적일 정도로 맛있었다. 물을 벌컥벌컥 마시고 젤리로 당분을 보충하니 그제야 숨이 좀 돌아왔다. 편의점 앞 벤치에 나란히 서 있는데, 문득 옆에 있는 친구를 바라봤다. 땀에 흠뻑 젖어 지친 모습이었지만 나와 똑같이 해냈다는 뿌듯함이 얼굴에 써 있었다. 박진고개를 넘어가면서부터 계속 생각했던 것이 있었다. 도착하면 꼭 친구를 안아주며 고생했다고, 고맙다고 얘기해주고 싶었다.

"진짜 고생 많았다. 너 없었으면 못 넘었어. 고맙다."

이 친구를 알게 된 지 10년이 넘었지만 이렇게 제대로 포옹을 한 적은 처음이었다. 원래 남자끼리 이러는 건 쉽지 않다. 근데 이때는 달랐다. 친구도 고생했다며 나의 어깨를 두드려줬다. 눈물이 나지는 않았지만 마음속으로는 뭉클함이 밀려왔다. 우리는 함께 지옥을 통과했고 함께 살아남았다. 이런 순간이야말로 진짜 우정이 아닐까 싶었다.

감격스러운 순간을 보내고 바로 근처 치킨집으로 달려갔다. 이런 날에는 소주가 빠질 수가 없었다. 친구와 소맥을 마셨는데 그야말로 꿀맛이었다. 물론 치킨도 더할 나위 없이 맛있었다. 우린 그제서야 비로소 제대로 된 웃음이 났다. 그날 하루를 복기하며 그때 들었던 생각이나 감정들에 대해 얘기했다. 우린 이제 앞으로 무서울 것이 없었다.

국토종주 넷째 날은 정말 잊지 못할 하루였다. 가장 힘들었지만, 그만큼 느낀 것도 많았고 서로에게 가장 많이 의지한 날이기도 했다. 그리고 한 가지 확실히 깨달은 것이 있었다. 혼자라면 포기할 것도 함께하면 결국 해낼 수 있다는 것. 솔직히 중간에 포기하고 싶은 순간이 한두 번이 아니었다. 특히 친구가 기둥에 부딪혀 넘어졌을 때, 박진고개에서 도로에 드러누워 있을 때는 포기할까 하는 생각이 간절했다. 하지만 옆에 친구가 있었다. 나 혼자였다면 박진고개 초입에서 그냥 포기했을 것이다. 아니, 애초에 자전거 국토종주라는 도전 자체를 시작하지도 않았을 것이다.

어렸을 때부터 '난 운동과는 거리가 먼 사람이야.' 라는 고정관념이 있었다. 그런데 그런 나조차도 함께하는 사람이 있으니 끝까지 해낼 수 있었다. 결국 중요한 건 나 혼자의 의지력이 아니라, 곁에 함께 있는 사람이 있다는 것이었다. 그 사람이 있기에 포기하고 싶은 순간에도 한 발 더 나아갈 수 있었고, 결국은 해낼 수 있었다.

―|④|―

그래도 힘들었다고요!

　마지막 날 아침이 밝았다. 종점인 낙동강 하구둑까지 100km 정도 남은 상황이었다. 어느 정도 익숙해진 우린, 이 정도면 몇 시쯤 도착하겠다 하는 경지까지 이르렀다. 오랜만에 1~2일차에 느꼈던 설레임과 즐거운 감정이 느껴졌다. 3~4일차의 고생이 있었기에 마지막 날의 여유로움이 있었다.

　경남 창원, 밀양을 거쳐 양산에 도착했다. 이때부터 처음으로 이정표에 '부산'이라는 두 글자가 보이기 시작했다.
　'진짜 다왔다!'
　더 힘차게 페달을 밟자 어느새 부산에 입성했다. 부산에 들어서니 첫째 날 서울에서 느꼈던 분위기와 비슷했다. 주변에는 러닝이나 자전거를 즐기는 사람들도 많고 트랙도 한강공원처럼 잘 정돈되어 있었다.

오랜만에 도시 구경을 하면서 '이제 다 끝났구나' 하는 생각이 들자 더욱 힘이 났다. 마지막으로 낙동강 하구둑 옆을 달릴 때는 지난 날의 기억들이 하나씩 떠올랐다. 가는 중에 이틀 전 무심사에서 만났던 분을 다시 만나기도 했다. 무심사의 악랄한 경사에서 함께 끌바를 했던 동지였다. 그때 우리는 함께 경사를 오르며 고생했고 서로 앞으로 남은 일정도 화이팅하자고 응원하며 헤어졌었다. 그런데 이렇게 다시 만나니 참 반가웠다.

  9월 27일 오후 3시 30분, 4대강 국토종주 종점인 낙동강하구둑에 도착했다. 23일 오후 3시가 넘어서 출발했으니 정확히 딱 4일이 걸린 셈이었다. 마지막 날이 그렇게 힘들진 않았지만, 그동안 누적된 피로가 한꺼번에 몰려왔다. 일단은 누워서 조금 쉬기로 했다. 그때 바라본 하늘은 참 맑았다. 우여곡절이 있었지만, 결국 목표했던 부산에 무사히 도착했고 그곳에 누워 하늘을 바라보고 있다는 사실만으로도 행복이 밀려왔다.

  함께 고생한 친구와 인증사진을 찍으며 기쁨을 충분히 느낀 뒤, 숙소가 있는 광안리로 다시 출발했다. 원래 계획은 지하철을 타고 이동하려고 했는데 예상치 못한 변수가 발생했다. 사전에 검색했을 땐 자전거는 맨 끝 칸에 타면 된다고 했는데, 알고 보니 주중에는 아예 탑승이 불가능하다는 것이었다. 하필 금요일이었고 광안리까지는 약 20km 정도여서 그렇게 가까운 거리는 아니었다. 그래도 국토종주를 끝냈으니 가벼운 마음으로 부산 시티투어를 한다는 생각으로 자전거로 이동하기로 했다.

 가볍게 시작했지만, 과정은 그리 순탄하지 않았다. 자전거길이 아닌 일반 도로와 인도를 다니다 보니 쌩쌩 달릴 수가 없었다. 신호등도 많고 사람도 많아서 그냥 자전거를 끌고 가는 경우도 많았다. 원래는 해지기 전에 도착해 여유롭게 쉬려고 했는데, 지치고 피곤에 찌든 채로 해 질 무렵에 겨우 도착했다. 마침내 숙소가 있는 광안리까지의 라이딩을 마지막으로, 끝까지 쉽지 않았던 국토종주를 마무리 지었다.

 아! 그러고 보니 지금까지 국토종주 이야기에서 빠뜨린 중요한 단어가 하나 있다. 바로 그냥 자전거가 아니라 '전기'자전거라는 것이다. 혹시 방금 이 문장을 읽고 '뭐야, 겨우 전기자전거로 했으면서 이렇게 유난을 떠는 거야?' 라는 생각이 들진 않았는가?

 우리도 원래 전기자전거로 편하게 여행하듯이 다녀오는 것이 목표였다. 하지만 배터리라는 변수를 완전히 간과하고 있었다. 최대한 아껴봤자 7~8시간 정도밖에 사용하지 못했다. 그 이후에는 기존 자전거처럼 페달을 밟아야 했다. 하지만 전기자전거는 배터리 때문에 보통 일반 자전거보다 훨씬 무겁다. 그리고 최대 속도도 거의 정해져 있어 페달을 밟는 대로 나가지 않는다. 야간에 배터리가 없을 때, 경사를 끌바하면서 올라갈 때는 그야말로 지옥이었다. 국토종주를 마친 후 친구들에게 이야기를 하면 이런 반응이 돌아왔다.

"뭐야, 전기자전거면 그냥 쉽게 한 거 아니야?"

그때마다 발끈하며 말했다.

"너가 몰라서 그래. 한번 해보고 말해봐!"

같이 종주를 했던 친구도 마찬가지였다. 우리의 힘듦을 어필하고 인정받고 싶어 했던 것 같다. 그런데 얘기를 하면 할수록 이렇게 발끈해서 흥분하고 있는 모습이 참으로 유치하게 느껴졌다.

'그거 힘들었다는 거 얘기해서 뭘 얻고 싶은 거지?'

'그냥 같이 갔던 친구와 새로운 것들을 보고 느끼고 온 것만으로 충분한 거 아닌가?'

그때부턴 그렇게 이야기하는 친구들이 있으면 이렇게 대답하기로 했다.

"맞아, 엄청 편하고 쉬웠어. 너도 나중에 해봐~"

신기하게도 그 이후부터 마음이 한결 편해졌다.

그러면서 깨달았다. 모든 사람의 고통은 상대적이란 것을. 모두가 자기가 하는 일이 가장 힘들다고 한다. 남자들은 군대에서 자신의 부대가 가장 빡세고 중요한 임무를 한다고 얘기한다. 사회에선 자기가 하는 일이 가장 힘들고 자신의 상사가 최고의 빌런이라고 얘기한다. 하지만 이런 것들은 본인이 직접 경험해보기 전까진 절대로 알 수 없다. 모두 자기 기준에서 판단하기 때문이다.

노벨경제학상을 받은 심리학자 대니얼 카너먼은 그의 저서 『생각에 관한 생각』에서 이렇게 말했다.

'우리는 모두 자신의 경험을 절대적 기준으로 여기는 경향이 있다. 하지만 실제로는 모든 경험은 상대적이며, 타인의 고통을 완전히 이해하는 것은 불가능에 가깝다.'

결국 내가 경험한 고통과 힘듦은 나에게만 의미가 있는 것이다. 남들에게 인정받으려 할 필요도, 남의 고통을 폄하할 필요도 없다는 것이다. 중요한 건 그 경험을 통해 내가 무엇을 배웠고 얼마나 성장했는가이다. 그리고 가장 중요한 것은, 그 모든 과정을 함께해준 친구가 있었다는 것. 그것만으로도 이 여행은 충분히 값진 경험이었다.

― ⑤ ―

10년이 넘어도
여전히 모르는 것들

　국토종주를 함께 한 친구는 내 인생에서 가장 소중한 사람 중 한 명이다. 고등학교 때 처음 만나 대학교, 그리고 이제는 회사까지 같아졌다. 이 글을 쓰고 있는 지금도 한 집에서 룸메이트로 살고 있으니 거의 가족이나 다름없다. 이렇게 보면 참 끈질긴 인연인 것 같다. 신기한 건 대학교를 일부러 맞춰서 간 게 아니라는 점이다. 각자 원서를 넣었고 우연히 학교를 가는 버스를 같이 타면서 같은 학교라는 것을 알게 되었다. 학과는 달랐지만 기숙사 룸메이트도 하면서 더욱 가까워졌다. 친구도 처음엔 나와 같은 반도체 업계에 취업했다. 그것도 업계에서 손꼽히는 외국계 회사에 말이다. 모두가 부러워할 만한 회사였다. 하지만 친구는 과감했다. 본인이 진정으로 하고 싶었던 분야에 대한 미련이 있어 모든 걸 포기하고 퇴사를 선택했다. 그리고 완전히 다른 분야인 소프트웨어로 전향했다.

'과연 나라면 저런 결정을 할 수 있었을까?'

친구의 과감한 결단력을 보며 친구지만 존경심이 들기까지 했다. 1년간의 교육 과정을 마치고 운명처럼 우리 회사의 소프트웨어 직무로 합격했다. 남해에서 친구의 합격 소식을 처음 들었을 때, 마치 내가 합격한 것처럼 방방 뛰며 기뻐했던 기억이 생생하다.

이번 국토종주는 시작부터 마무리까지, 그리고 느낀 점까지 모두 친구 덕분이었다. 휴직 후 6개월 정도가 지난 시점, 남해에 다녀온 후로 평범한 일상에 약간의 무료함을 느끼던 시기였다. 지금 생각해보니 국토종주가 휴직기 전체의 반환점이 되는 이벤트였던 것 같다. 하지만 이것도 혼자였다면 절대로 성공하지 못했을 것이다. 친구와 함께했기 때문에 고통과 시련의 시간을 이겨낼 수 있었다. 그 과정에서 나도 모르게 이 친구에게 많이 의지하고 있구나를 느꼈다. 중간에 서로 의견이 다르기도 했지만, 여느 때처럼 우리는 합의점을 찾아냈다. 누구의 의견이 맞고 틀리고가 아닌 서로 다름을 인정하고 새로운 의견을 같이 만들어가는 관계. 내가 원하는 가장 이상적인 친구 관계다.

무심사에서 말없이 끌바를 하며 함께 고통을 나눴던 순간, 상주의 한 시골길에 누워 같이 별을 바라본 순간, 박진고개에서 거친 숨소리만 들리는 순간에도 화이팅을 외치던 순간, 남지읍에 도착해서 서로 포옹했던 순간... 이 모든 순간들은 친구가 없었다면 절대 경험할 수 없었을 것들이었다.

부산에 도착해서 광안리 해수욕장에 앉아 이번 국토종주를 하면서 느꼈던 것들에 대해 얘기했다. 지난 여정을 돌아보며 서로의 솔직한 감정들을 나눴다. 신기한 것은 대화를 하면서 서로 몰랐던 사실들이 많았다는 것이다.
"여기까지 오면서 포기하고 싶었던 순간이 있었어?"
"계속 포기하고 싶었지, 근데 너 때문에 말 못했어."
"아, 진짜? 난 너가 끝까지 완주하고 싶어하는 것 같았는데..."
"난 너가 완주하고 싶어하는 줄 알았는데? 처음 제안한 것도 너였고 예전부터 완주해보고 싶어했잖아."
난 친구가 끝까지 완주하고 싶어하는 줄 알았다. 사실 나는 완주는 해도 그만 안 해도 그만이었다. 그저 친구와 추억을 쌓는 것이 목표였고 그래서 더욱 무리하기 싫었다. 근데 친구도 나랑 똑같은 생각이었다.

친구가 생각보다 훨씬 더 섬세하다는 것도 처음 알게 된 순간이었다. 친구 나름대로 나를 배려하고 있었다. 고등학생 때부터 10년 이상을 알고 지낸 사이인데 이렇게 몰랐다니... 이미 서로 잘 알고 있다고 생각해도 우린 아직도 서로 모르는 것이 너무 많았다. 대화를 나누면서 느꼈다. 아무리 가까운 사이라도 계속해서 대화하고 서로를 알아가려는 노력이 필요하다는 것을. 우리가 아는 건 상대방의 일부일 뿐이고, 매 순간 변화하고 성장하는 존재라는 것을.

　백사장에 앉아 파도 소리를 들으며 나눴던 그 대화를 통해 우리는 더욱 끈끈해졌다. 단순히 오래 알았다는 이유가 아니라, 서로를 더 깊이 이해하게 되었기에 가까워진 것이었다. 친구란 시간이 쌓여서 만들어지는 것이 아니라, 이런 진솔한 순간들이 차곡히 모여 완성된다는 걸 새삼 느꼈다. 부산에서의 밤이 깊어질수록, 우리의 우정도 조금 더 단단해지는 듯했다.

── ⑥ ──

인생은 '절대로' 계획대로 안 된다

처음에는 마실 나가듯이 시작했던 국토종주였는데, 완주했을 땐 마냥 가볍지 않은 마음이었다. 그렇다고 무거웠다기보단 그만큼 느낀 것이 많아 가볍지 않았던 것 같다. 그중에서 가장 크게 느꼈던 건, 인생은 계획대로 안 된다는 것이었다. 책이나 유튜브 영상에서 수없이 들은 말인데 이렇게 직접 몸으로 크게 느껴본 적은 처음이었다. 역시 사람은 직접 경험해봐야 아는 것 같다. 아무리 많은 조언을 들어도 본인이 겪어보기 전까지는 진짜 의미를 모르는 법이다.

지난 크리스마스는 약간 특별하게 보냈다. 충북 단양에 있는 미륵대흥사에서 템플스테이를 했기 때문이다. 그때 차담 시간에 들었던 각조 스님의 말씀이 특히 기억에 남는다.

"인생은 절대로 계획대로 안 됩니다."

'절대로'를 강조하면서 말씀하시는 모습이 파워 J인 나에게 꽤나 충격적이었다. 만약 계획대로 됐다면 그건 전체의 극히 일부분일 뿐이라고 하셨다. 그러니 계획대로 안 됐다고 좌절할 필요도 없고, 계획대로 안 되는 것이 당연한 것이라고 하셨다.

"어떤 상황이 오더라도 덤덤하고 묵묵하게 내게 주어진 일을 하면 됩니다."

당시에는 그냥 그런가 보다 하고 넘겼는데 지금 다시 생각하며 국토종주 경험에 비춰보니 스님의 말씀이 색다르게 다가왔다. 괴산에서 길을 잃고 헛걸음한 것, 친구가 기둥에 부딪혀 넘어진 것, 박진고개를 한밤중에 넘게 된 것... 하나도 계획에 없던 일들이었다. 하지만 그 순간순간 주어진 상황에 최선을 다했기에 결국 완주할 수 있었다. 모든 것은 변한다는 생각으로, 나의 계획과 생각도 언제든지 바뀔 수 있다는 것을 인지하는 것이 중요하다는 생각이 들었다.

동시에 인생은 계획대로 안 되지만, 그럼에도 목표는 필요하다는 것도 느꼈다. 이번 국토종주에서도 수많은 변수들이 있었다. 앞으로 인생을 살아가면서 이것보다 훨씬 많은 변수들이 생긴다는 것은 분명한 사실이다. 그럼에도 목표가 필요한 이유는 부산이라는 목적지와 금요일 안에 도착해야 한다는 제한이 있었기 때문에 완주가 가능했기 때문이다. 미국의 동기부여 코치이자 베스트셀러 작가인 리처드 J.라이더는

『무엇이 나를 행복하게 만드는가』에서 이렇게 말했다.

'목적은 앞을 내다볼 수 있게 해주며, 스스로 선택한 길을 꾸준히 걸어갈 수 있도록 인도해 주는 횃불 역할을 한다'

만약 목적지도 없고 언제까지라는 기한도 없었다면? 아마 괴산에서 길을 잃었을 때 그냥 포기했을 것이다. 박진고개에서 힘들 때 '내일 해도 되지 뭐' 하며 돌아섰을 것이다. 목표가 있었기에 어떤 변수가 와도 방향을 잃지 않을 수 있었고, 포기하고 싶을 때도 부산에 가야 한다는 확실한 목적이 있어서 버틸 수 있었다.

삶도 마찬가지다. 목표를 정하고 그것을 향해 나아가되, 중간에 변수가 생겨도 좌절하거나 포기하지 않고 그 상황에 맞춰 수정하고 헤쳐 나가면 된다.

다시 한번 말하지만 인생은 속도보다 방향이다. 빨리 가는 것보다 올바른 방향으로 가는 것이 중요하고, 그 방향을 잃지 않게 해주는 것이 바로 목표다. 설령 돌아가더라도, 잠시 멈춰서더라도, 방향만 확실하다면 결국 원하는 곳에 도착할 수 있다. 길을 잃고, 넘어지면서 포기하고 싶었지만 결국 우리가 부산에 도착할 수 있었던 것처럼.

새로운 대륙에서 만난 또 다른 세상

| 나홀로 유럽여행

---①---

처음이라는 두려움

이번엔 시야를 해외로 넓혀보기로 했다. 그동안 가본 해외라곤 일본 한 번, 중국 한 번이 전부였다. 약 30년동안 나의 시야는 동아시아 3개국에 한정되어 있었다. 그래서 더 넓은 곳으로 나가고 싶었다. 비행기로 2~3시간이면 가는 곳이 아닌, 최소 10시간 이상 멀리 떨어진 곳. 곧바로 유럽과 미국이 떠올랐다.

'간김에 여러 나라를 둘러볼 수 있는 유럽으로 가자!'

첫 혼자 해외여행이자 첫 유럽 여행이었다. 목적지는 나의 오랜 버킷리스트였던 스위스와 유럽의 대표 도시인 영국의 런던, 프랑스의 파리로 선정했다. 기간은 각각 5일씩 총 15일, 같은 기간 동안 여행하고 나에게 가장 잘 맞는 여행지는 어디일까 비교해 보기로 했다.

여행도 늘 계획적으로 하는 것을 좋아했지만, 최근에는 즉흥적인 여행에서만 느낄 수 있는 매력에 빠져 있었다. 그러나 유럽 여행만큼은 계획을 세울 수밖에 없었다. 처음 혼자 떠나는 해외여행이라 설명하기 힘든 두려움과 걱정이 뒤섞여 있었기 때문이다. 무엇보다 가장 큰 걱정은 언어였다. 어릴 때부터 마음 한켠에 자리 잡고 있던 영어 콤플렉스가 스멀스멀 고개를 들기 시작했다.

'영어로 대화해야 하는 상황이 오면 어떡하지?'

'길을 잃으면? 예상치 못한 문제가 생기면?'

이 밖에도 숙소, 교통, 관광지 예약, 식당까지 신경 쓸 것들이 한두 가지가 아니었다. 혼자 떠나는 여행인데도 이렇게 챙길 게 많다니... 온갖 걱정을 안고 나름대로 철저히 준비를 마친 끝에 드디어 출국 날을 맞이했다.

그런데 출발부터 일이 꼬이기 시작했다. 첫 장거리 비행에 첫 경유까지, 긴장의 연속이었다. 이날따라 공항에는 유독 사람이 많아 탑승 수속이 지연됐다. 출발 시간이 점점 다가오고 있는데 갑자기 전화가 왔다.

"안녕하세요. 혹시 오고 계신가요? 곧 탑승 마감입니다."

순간 머리가 하얘졌다. 공항 안을 전속력으로 뛰었고, 간신히 10분 전에 도착했다. 관계자분들께 죄송함과 감사함을 전하며 비행기에 올랐지만, 마음은 여전히 진정되지 않았다. 곧바로 중국 상해에서 경유를 해야 했기 때문이다. 비행기 경유는 처음이라 혹시 다른 비행기를 타는 건 아닐까 하는 걱정들이 가득했다. 인천에서도 비행기를 놓칠 뻔했던 터라 더욱 긴장됐다. 사전에 경유 방법을 영상과 글로 찾아보며 예습까지

했는데도 마음이 편하지 않았다.

    그런데 막상 상해에 도착해 보니...생각보다 절차는 매우 간단했다. 안내도 잘 되어 있었고 그냥 사람들만 따라가면 무난하게 수속을 마칠 수 있었다.

    '내가 괜히 걱정했나?'

    무사히 경유를 마치고 약 13시간을 날아 런던 히스로 공항에 도착했다. 공항 안에서는 아직 실감이 나지 않았다. 하지만 밖으로 나오자 영어로 가득한 표지판과 영국의 상징 같은 블랙캡이 눈에 들어오자 비로소 실감이 났다. 숙소까지 가려면 지하철을 타야 했고 그전에 먼저 버스를 이용해야 했다. 교통카드가 잘 작동할지 은근히 걱정했는데 다행히 자연스럽게 태깅이 되었다. 이렇게 긴장하면서 카드 태깅을 해본 적이 있을까 싶었다. 정류장에서 내릴 때도 혹시나 놓칠까 봐 휴대폰 속 구글 지도를 뚫어져라 바라봤다. 창밖 풍경을 즐길 여유는 전혀 없었다. 무사히 지하철로 갈아타고 나서야 조금 긴장이 풀렸다. 그렇게 만난 런던 지하철의 첫인상은 의외였다. 생각보다 아담하니 귀여웠고 우리나라 경전철 같은 느낌이 났다. 연식도 꽤 오래되어 보였다. 영국은 이미 선진국이니까 모든 게 최신식일 거라는 내 안의 편견이 무너지는 순간이었다. 숙소에 도착하고 나서야 비로소 몸과 마음에 있던 긴장이 풀리기 시작했다.

런던에서의 날씨는 기대 이상으로 완벽했다. 런던 하면 하루 종일 흐리고 비 자주 온다는 소문이 무색할 정도로, 내가 머문 며칠간은 구름 한 점 없는 파란 하늘의 연속이었다. 특히 둘째 날, 버킹엄궁전 구경을 마치고 근처에 있는 세인트 제임스 파크에서의 그 순간을 잊을 수 없다. 미리 챙겨온 1인 돗자리를 잔디밭에 펴고 누워서 하늘을 바라봤던 그 순간은 천국 그 자체였다. 원래 이 공원은 잠깐 쉬면서 지나가려고 했는데 예상과 달리 발걸음이 떨어지지 않았다. 구름 한 점 없는 파란색의 하늘과 초록빛깔의 싱싱한 잔디가 너무나 조화로웠던 공간이었다.

행복했던 시간을 보내고 엄청난 규모의 웨스트민스터 대성당과 사원을 구경했다. 내부에 들어가봤는데 높은 층고와 넓은 내부는 우리나라에 있는 성당과는 비교가 안 될 정도의 크기였다. 이후엔 런던의 명물, 빅벤과 첫 번째 만남으로 이어졌다. 여행하기 전 런던을 여행해본 친구가 가장 기억에 남는 것으로 빅벤을 꼽았는데 왜 그렇게 말했는지 처음 보자마자 단번에 이해가 됐다.

거대한 시계탑이면서도 세밀하게 조각된 디테일, 그리고 정각마다 울리는 맑고 청아한 종소리까지... 나도 친구처럼 한눈에 반해버렸다. 이때까지만 해도 매일 이곳을 찾아올지는 몰랐다. 맞은편 템스강변에 우뚝 선 런던아이도 마찬가지였다. 직접 타볼까 고민하다가 '나중에 미래의 아내와 함께 타야지' 하는 마음으로 남겨놓기로 했다. 직접 타보는 것도 좋았겠지만, 바라보기만 해도 충분히 아름다운 런던아이였다.

해질 무렵, 자연스럽게 템스강변 벤치에 자리를 잡았다. 런던아이가 가장 잘 보이는 명당이었다. 그리고 이곳은 이번 런던 여행에서 나만의 아지트가 되었다. 점심을 늦게 먹어 저녁 생각이 없던 터라, 간식거리를 사서 벤치에서 먹기로 했다. 혼자 여행의 가장 큰 장점이 바로 이런 것이다. 갑자기 계획을 바꿔도 아무도 뭐라 할 사람이 없다는 자유로움. 밤이 되니 주변에 조명들이 켜지고 런던아이도 보랏빛으로 물들었다. 그리 덥지도 춥지도 않은 적당한 날씨에 좋아하는 노래를 들으며 맥주를 마시는데 기가 막히게 행복했다. 몇 시간을 앉아 있었는지 기억이 안 날 정도로 그 시간을 만끽했다. 완전히 어두워진 후의 빅벤은 또 새로운 모습이었다. 은은하게 비치는 조명들이 빅벤의 분위기를 한층 더 멋스럽게 만들어줬다. 도로에 다니는 2층 빨간 버스, 지나가는 자전거와 사람들이 마치 무대 장치처럼 조화를 이뤘다.

이날을 시작으로 런던에 있는 내내 매일 밤은 이 아지트에서 보냈다. 다른 곳을 여행하다가도 저녁 무렵이 되면 어느새 이곳을 찾고 있었다. 벤치에 앉아 아무 눈치 없이 노래를 따라 부르고, 그날 찍은 사진 중 베스트 샷을 고르기도 하고, 다이어리에 그날의 감정을 손으로 적으며 앞으로 남은 휴직기와 출간 계획까지 생각하는 시간을 가졌다. 마지막엔 가족 생각까지 하면서 문득 깨달았다. 이곳에서 보내는 시간이 군대에서 위병소를 지키며 혼자 창밖을 바라보던 그때와 똑같다는 것을. 아무도 방해하지 않는 공간에서 오로지 나에게만 집중할 수 있는 시간, 과거를 돌아보고 미래를 그려보는 시간. 빅벤과 런던아이가 지켜보는 이 벤치는 나에게 또 다른 위병소가 되어주었다.

아지트에서 숙소까지는 도보로 30분. 버스를 타면 금방이었지만 일부러 템스강을 따라 걸어다녔다. 웨스트민스터궁을 지나 램버스 브릿지의 화려한 조명이 강물에 비친 모습을 바라보다 보면, 어느새 분위기가 으스스한 복솔 플레져 가든에 다다르곤 했다. 처음에는 약간 무서웠지만 나중엔 이어폰을 꽂고 갈 정도로 익숙해졌다.

불과 며칠 전만 해도 '교통카드 어떻게 태깅하지? 지하철 환승은? 영어로 질문받으면 어떡하지?' 하며 온갖 걱정에 사로잡혀 있던 내가, 여행 마지막 즈음에는 지도조차 보지 않고 아지트에서 숙소까지 걸어갈 정도가 되었다. 마치 런던 토박이가 된 듯했다. 그 길을 자연스럽게 걸어가는 나 자신을 보며, '아, 그 모든 걱정들은 결국 내가 만들어낸 불안이었구나' 하고 깨달았다.

인간은 적응의 동물이다. 아무리 낯선 환경이라도, 아무리 두렵고 걱정되는 일이라도 조금만 시간이 지나면 금세 익숙해진다. 런던에서 시간을 보내며 자신감을 얻었다. 앞으로 어떤 새로운 환경에 가더라도, 어떤 위기 상황이 닥쳐도 충분히 해낼 수 있다는 확신이 생긴 것이다. 런던에서의 첫 며칠이 나에게 준 가장 큰 선물은 바로 이것이었다. 두려워하지 말고 일단 시작하라는 용기, 그리고 나도 해낼 수 있다는 믿음. 그 믿음 덕분에 앞으로 마주할 새로운 도전 앞에서도 한 걸음 내디딜 준비가 되어 있었다.

── ② ──

런던으로 간 이유

　런던에서의 마지막 일정은 오랜 버킷리스트, 바로 프리미어리그 토트넘 경기를 직관하는 것이었다. 이번 유럽 여행 전체 중에서도 메인 이벤트이자, 내가 런던에 온 진짜 이유였다. 토트넘의 손흥민 선수가 경기하는 모습을 직접 보기 위해서였다. 내 또래 남자라면 누구나 한 번쯤 품었을 버킷리스트, 마침내 그 순간이 눈앞에 다가왔다. 그런데 문제가 하나 있었다. 경기 몇 주 전부터 손흥민 선수가 햄스트링 부상으로 계속 경기를 못 하고 있었던 것이다. 이번 유럽 여행에서 가장 중요한 일정이라 진지하게 여행 날짜를 바꿀까 고민도 했었다.
　'비행기, 숙소 다 예약했는데... 그래도 경기 뛰는 것을 못 보면 의미가 없지 않나?'
　유럽 출발 며칠 전, 운이 좋게도 내가 보러 가는 날에 복귀한다는 기사가 나왔다. 그것도 선발 출전으로! 나중에 숙소에서 만난 룸메들도 비슷한 상황이었다.

"저도 못 볼까 봐 조마조마했어요."

"진짜요? 저도 그래서 여행 날짜 바꿀까 고민했는데..."

룸메 5명 중 4명이 이날 직관을 보러 간다고 했다. 나머지 한 명은 아스날 팬이라 다른 날에 간다고 했다. 그렇게 결전의 날이 밝았고, 한껏 들뜬 마음으로 경기장에 도착했다. 경기장 근처에 오니 토트넘의 레전드 해리 케인 선수의 벽화가 보였다. 토트넘의 오래된 팬은 아니지만, 손흥민-케인 듀오의 활약은 아직까지도 잊을 수 없었다. 그리고 그 벽화를 눈 앞에서 보니 감회가 남달랐다. 경기장에 도착하자마자 바로 기념품을 파는 스퍼스샵으로 향했다. 들어서자마자 눈앞에 펼쳐진 풍경에 깜짝 놀랐다.

'여기 완전 한국이네?'

온통 한국 사람들 천지였다. 런던을 그렇게 돌아다녔을 땐 보이지 않던 한국인들이 이날 모두 모인 것 같았다. 매장에는 당연히 손흥민 선수의 굿즈들로 가득했다. 원래는 티셔츠만 살 생각이었지만, 이리저리 둘러보다 눈에 들어온 머플러까지 함께 샀다. 구매한 티셔츠로 바로 갈아입고 머플러까지 둘러 완벽하게 변신을 마쳤다.

'살면서 이렇게까지 팬이 되어본 적은 처음인 것 같네.''

왜 사람들이 좋아하는 가수의 굿즈를 사고 그들에게 열광하는지 조금이나마 이해할 수 있었다.

경기장 안으로 들어가니 한쪽에 사람들이 가득 몰려 있었다. 가까이 가보니 맨 앞에는 밴드가 있었고, 다 같이 토트넘 응원가를 떼창하고 있었다. 많이 들어본 응원가라 나도 흥얼거리며 그 열기에 동참했다. 응원가로 분위기를 한껏 올린 상태로 예매한 좌석에 도착했다. 전에 먼저 직관을 다녀온 친구가 도와줘서 좋은 자리로 예매할 수 있었다. 아직 경기 시작까지 시간이 조금 남아 있었는데 미리 온 사람들은 거의 다 부지런한 한국인들이었다.

'나도 이렇게 빨리 온 것 보니 한국인 맞네.'

룸메 중 한 명과 같은 구역이라 서로 사진을 찍어주며 대기 시간을 알차게 보냈다. 중간에 관중들을 카메라로 잡아 CG를 입혀주는 이벤트가 있었는데, 나도 그 순간에 잡혔고 다행히 그 순간을 재빠르게 카메라에 담을 수 있었다. 시작부터 이벤트에 당첨된 것 같아 기분이 좋았다. 곧이어 선수들이 하나둘씩 나와 몸을 풀기 시작했다. 동시에 나는 사진을 미친 듯이 찍어대기 시작했다. 손흥민 선수의 몸 푸는 모습을 보니 오랜만에 뛰는 복귀전임에도 몸이 가벼워 보여 느낌이 좋았다.

'오늘 뭔가 한 건 하겠구나!'

평소에는 셀카를 거의 안 찍는 나였지만, 이날은 기분이 좋았는지 셀카가 찍고 싶었다. 그만큼 설레고 들뜬 기분이었다. 설렘에 정신이 팔려 있을 때, 어느새 경기장은 관중들로 가득 찼다. 전 세계적으로 유명한 프리미어리그에서 우리나라 선수가 팀의 주장이라니... 실제로 그 현장에서 보니 소위 '국뽕'이 안 생길 수가 없었다. 킥오프 직전, 주장을 중심으로 동그랗게 모여 있는 팀원들의 모습조차 멋있었다.

드디어 경기 시작! 이날 손흥민 선수는 왼쪽 윙어로 선발 출전했다. 내가 앉은 자리 바로 눈앞에서 그가 움직이는 모습을 생생하게 볼 수 있었다. 공을 잡고 있는 순간마다 긴장감과 에너지가 그대로 전해져 놀라웠다. 좋은 자리로 예매해준 친구에게 다시 한번 감사함을 느낀 순간이었다. 전반전에 위협적인 장면이 하나 있었지만 아쉽게 골로 연결되지 않았다. 손흥민 존에서 공을 감아 차는 순간, 골대를 살짝 빗나간 것이다. 손흥민 선수가 공을 잡을 때마다 언제 골을 넣을지 몰라 눈을 떼지 못했다. 경기 보랴, 사진 찍으랴, 영상 찍으랴 정신없는 전반전이었다. TV 중계로 볼 때보다 시간이 훨씬 빨리 지나간 느낌이었다. 전반전은 1:1로 마무리됐다. 상대팀 웨스트햄이 먼저 선취골을 넣었지만, 곧 토트넘이 손흥민 선수를 기점으로 만들어낸 동점골로 맞섰다. 골을 넣고 내가 있는 바로 앞 구역에서 선수들이 세레머니를 펼쳤다. 나도 마치 같이 뛰고 있는 선수처럼 함께 환호하며 소리를 질렀다. 후반전을 기다리던 중, 앞에 앉은 영국 어린이가 손흥민 선수 유니폼을 입고 있는 모습이 너무 귀여웠다. 토트넘 팬들은 아들이 손흥민 선수의 'SON' 유니폼을, 아빠는 'DADDY'로 마킹해 입는 경우가 많다고 한다.

'나도 나중에 만약 아들이 생기면 저렇게 해봐야지.'

아직 태어나지도 않은, 언제 생길지도 모를 아들을 상상하는 모습에 절로 미소가 번졌다. 지금은 혼자 여행을 하고 있지만 문득 앞으로 펼쳐질 미래가 기대되고 설레는 마음이 커지는 순간이었다.

그러는 동안 후반전이 시작됐고 토트넘은 경기를 완전히 장악하며 몰아붙였다. 그 중심에는 손흥민 선수가 있었다. 2:1로 앞서는 상황에서 강력한 슈팅으로 상대의 자책골을 유도했고 이어 결국에는 마무리 쐐기골까지 완성했다. 골을 넣고 전광판에 손흥민 선수가 나올 때는, 벅찬 감정에 나도 모르게 소리를 질렀다.

"쏘니이이이이!"

옆에 있던 외국인 아저씨도 같이 "쏘니!"를 외치며 나를 끌어안았다. 서로 어디서 왔는지, 이름조차 모르는 사이였지만 그 순간 우리는 하나가 된 기분이었다. 이후 손흥민 선수는 후반 25분에 교체 아웃됐고 관중석에서는 엄청난 함성과 기립 박수가 쏟아졌다.

경기는 그대로 4:1로 끝났고 토트넘의 완승이자 손흥민 선수의 완벽한 복귀전이었다. 게다가 이날 경기 최우수 선수로 선정되었다. 부상 후 몇 주 만에 복귀한 경기에서 바로 자신의 가치를 증명하는 것을 보니 정말 대단하다는 생각이 들었다. 이후 손흥민 선수와의 인터뷰가 내가 있는 구역 바로 앞에서 진행됐다. 사람들이 하나둘 모이더니 손흥민 선수가 등장하자 환호성이 터졌다. 중간에는 영국 어린아이들의 귀여운 "쏘니! 쏘니!" 외침도 들렸다. 인터뷰가 끝나고 그대로 라커룸으로 들어가 조금은 아쉬웠지만 바로 앞에서 지켜본 것만으로도 큰 행운이었다.

완벽하게 직관을 마치고 돌아오는 셔틀버스에서 창밖을 바라보는데,

믿을 수 없을 만큼 기분이 좋았다. 날씨도 완벽했고 오랜 버킷리스트를 드디어 달성했다는 생각에 마음도 들떴다. 그것도 완벽하게 성공했다는 사실에 더욱 감사했다. 버스 창밖으로 지나가는 런던의 거리들이 평소와 달리 특별하게 느껴졌다. 마치 내가 뭔가 큰 일을 해낸 것처럼 모든 풍경이 축하해 주는 것 같았다.

'이런 게 꿈을 이루는 기분이구나.'

단순히 축구 경기를 본 것이 아니라 오랫동안 막연히 꿈꿔왔던 일을 현실로 만든 순간이었다. 가슴이 벅차오르면서 동시에 뭉클함이 밀려왔다. 앞으로 또 어떤 불가능해 보이는 꿈들을 현실로 만들어낼 수 있을까 하는 설렘이 마음속에 차올랐다. 런던에서의 마지막 밤, 그 설렘과 행복 속에 깊어져 갔다.

― ③ ―

무의식의 문득과
의식적인 감탄

    예상보다 행복하게 마무리한 런던 일정을 뒤로하고, 유로스타를 타고 약 세 시간 반을 달려 파리에 도착했다. 첫날은 근교를 둘러보며 시간을 보냈고 본격적인 일정은 둘째 날부터 시작됐다. 둘째 날의 첫 일정은 루브르 박물관이었다. 런던에서 내셔널갤러리와 영국박물관을 관람하며 평소보다 예술적인 감각이 한층 올라간 상태라 기대가 컸다. 런던에서 좋았던 도슨트 투어를 이번에도 신청해서 일찍 출발했는데, 생각보다 시간이 빠듯했다.

    '이대로 가면 늦겠다…!'

    여유롭게 주변을 구경하며 걷던 산책길이 어느새 정신없이 뛰어가는 출근길로 바뀌었다. 구글 지도를 보며 허둥지둥 달리던 중, 갑자기 문득 책에 관한 아이디어가 떠올랐다. 자전거 국토종주에서 마지막에 전기 자전거로 반전을 주자는 아이디어였다. 그 순간엔 '이게 왜 갑자기 떠오른 거지?' 싶을 만큼 어이가 없었다. 주변에는 자전거도 한 대 없었고 지각할까 봐 정신없이 뛰고 있었는데 뜬금없이 아이디어가 튀어나오다니… 그래도 금세 사라질까 봐 잠시 멈춰 휴대폰에 메모했다. 결과적으로 이것은 실제로 책의 한 부분을 담당하게 되었다. 다행히 박물관엔 늦지 않게 도착할 수 있었지만 무엇보다 '문득'의 힘을 직접 체감한 것이 가장 큰 수확이었다.

 생각해보면 이 문득의 힘은 무의식에서 오는 것 같다. 그때 나는 이미 출판 미팅을 마친 상태라 머릿속이 출판 관련 생각으로 가득 차 있었다. 그러다 보니 나도 모르게 출판과 관련된 다양한 아이디어가 떠올랐고, 이렇게 뜬금없는 장소와 정신없는 순간에도 새로운 생각이 튀어나온 것이다. 심리학자들은 이러한 현상을 '확산적 사고'라고 부른다. 특정 문제나 주제에 몰입하고 있을 때, 의식적으로 그것에 대해 생각하지 않는 순간에 오히려 창의적인 아이디어가 떠오르는 현상이다. 화학자 케쿨레는 꿈에서 뱀이 자신의 꼬리를 물고 있는 모습을 보고 벤젠 고리의 구조를 발견했고, 아르키메데스는 목욕을 하던 중 물이 넘쳐흐르는 걸 보고 부피 측정 원리를 깨닫고 "유레카!"를 외쳤다. 둘 다 문제를 직접 고민하고 있던 순간이 아니라 예상치 못한 순간에 해답을 찾은 경우다.

 문득의 힘을 알게 된 이후, 내 휴대폰 메모장에는 문득이라는 카테고

리가 생겼다. 길을 걷다가, 운동을 하다가, 샤워를 하다가 갑자기 떠오르는 아이디어가 있으면 그곳에 기록하기 시작했다. 중요한 건 이런 순간을 놓치지 않는 것이다. 무의식이 건네주는 선물을 제대로 받아내려면 언제든 그 순간을 놓치지 않을 준비가 되어 있어야 한다.

본격적인 박물관 투어가 시작됐는데, 역시 루브르 박물관은 그 명성에 걸맞았다. 하나하나 그냥 지나칠 작품이 없을 정도였다.
"혹시 루브르 박물관의 3대 작품이 무엇인지 아시나요?"
가이드님이 정신없이 작품을 구경하던 우리에게 물어봤다.
'모나리자, 밀로의 비너스... 나머지 하나는 뭐지?'
주변 사람들도 대부분 고개를 갸웃거렸다. 정답은 '승리의 여신상'. 내가 뽑은 루브르에서 가장 멋지고 아름다운 작품이었다. 승리의 여신 니케를 상징하는 조각으로, 우리가 알고 있는 나이키 브랜드의 모티브와 로고인 스우시도 이 승리의 여신상에서 따왔다고 한다.
작품 근처에는 사람들이 몰려 있었고 높은 위치 덕분에 멀리서도 한눈에 보였다. 가까이 다가갈수록 뚜렷해지는 실루엣에 시선이 자연스럽게 모였다. 다른 전시관과 달리 주변에 다른 작품이 없어 오로지 승리의 여신상에만 집중할 수 있도록 배치되어 있었다.
'와... 진짜 아름답다...'
정면으로 봤을 때도 멋있지만 이 작품은 옆에서 봐야 진면목이 드러난다. 옷에 흐르는 주름 하나하나, 날개의 섬세한 디테일까지... 너무나도 아름다웠다. 오른쪽에 서서 바라봤는데 마치 바람을 가르며 금방이라도 하늘로 날아오를 것 같은 역동적인 모습이었다. 그 순간, 2000년이 넘는 시간을 뛰어넘어 고대 그리스 조각가의 마음이 그대로 전해지는 듯했다. 머리가 없음에도 불구하고 온몸으로 승리의 기쁨을 표현하고 있는 것 같았다.

"박물관에서 작품을 볼 땐 그저 감탄하면서 보세요."

가이드님의 꿀팁이었다. 작품을 볼 때 누가 만들었는지, 왜 만들었는지, 언제 만들었는지 같은 정보에 얽매이지 말고 그저 순수하게 감탄하며 감상하라는 뜻이었다. 나에겐 이 승리의 여신상이 딱 그랬다. 언제부턴가 무언가를 보며 '와!' 하고 감탄하는 일이 줄어든 것 같다. 어른이 되면서 자연스럽게 잃어버린 감정이었다. 하지만 이런 멋진 순간 앞에서 솔직하게 감탄할 수 있다는 것, 그 자체만으로도 삶이 훨씬 풍요로워진다는 걸 깨달았다. 승리의 여신상 앞에서 느꼈던 그 경이로움처럼, 일상 속에서도 작은 것들에 감탄하며 살아간다면 얼마나 더 행복할까.

――――――――― ④ ―――――――――

정원 중독자의 파리 생존기

　첫 유럽 여행이라 일정이 매우 빡빡했다. 시간은 한정되어 있는데 보고 싶은 것은 많으니 어쩔 수 없었다. 그래서 일정 중간중간 정원이나 공원에서 잠시 쉬는 시간을 가졌다. 일부러 계획한 건 아니었지만 어느새 지친 몸이 자연스럽게 그곳을 찾고 있었다. 런던의 세인트 제임스 공원에서의 시간이 나에게 큰 위안이 되었나 보다.
　둘째 날, 정신없이 일정을 소화하던 중 갑자기 쉬고 싶다는 생각이 강하게 들었다. 근처에서 규모가 꽤 큰 뤽상부르 공원을 발견했다. 내가 원하던 바로 그 느낌의 공원이었고 의자까지 마련되어 있어 완벽한 장소였다. 날씨도 좋아 명당자리를 잡고 한참 동안 휴식을 취했다. 앞에 있는 분수에서 작은 모형 배를 띄우며 노는 아이들, 친구들과 함께 즐거워하는 사람들의 웃음소리를 들으며 마음이 한껏 편안해졌다. 나중에는 몸을 뒤로 젖히고 달콤한 낮잠도 즐겼다.

셋째 날에도 오후쯤이 되자 슬슬 정원이 마렵기 시작했다. 해가 지기 전에 서둘러서 눕고 싶었다. 먹이를 찾는 하이에나처럼 어슬렁거렸다. 그러다 샹젤리제 거리 근처에 있는 정원을 발견했다. 잔디도 있어 바로 돗자리를 깔고 누웠다. 이후에 강아지들이 한두 마리 모이더니 그곳은 어느새 애견 카페가 되었다. 목줄 없이 자유롭게 뛰어다니는 귀여운 녀석들을 보니 입가에 절로 미소가 지어졌다. 잠시 눈을 붙이려 했지만 예상치 못한 즐거움 덕분에 잠은 달아나고 마음은 한층 가벼워졌다.

넷째 날에도 어김없이 휴식할 곳을 찾아 정처 없이 걸었다. 다행히 근처에 튈르리 정원이 있었고 뤽상부르 공원처럼 의자가 마련되어 있어 편히 쉴 수 있었다. 달달한 아이스크림을 먹으며 해를 품은 에펠탑을 바라보니 지는 해와 함께 황금빛 풍경이 펼쳐졌다. 정원 안에는 작은 관람차도 있었는데 런던에서 매일 마주했던 런던아이의 모습이 문득 떠올랐다.

'며칠 됐다고 벌써 런던이 그립긴 하네…'

마지막 날엔 파리 정원의 끝판왕, 베르사유 정원에 갔다. 이날은 파리 근교 투어로 끌로드 모네가 여생을 보낸 지베르니와 루이 14세의 베르사유를 가는 날이었다. 지베르니에서 모네의 일생을 경험하고 베르사유에 도착한 뒤 먼저 궁전을 구경했다. 역시 대표적인 관광지답게 사람들이 바글바글했고 그만큼 볼만한 것도 많았다. 하지만 내 궁극적인 목표는 이게 아니었다. 궁전에서 가장 유명한 거울의 방에 있는 동안에도 창문 밖으로 조그맣게 보이는 베르사유 정원이 더 눈에 들어왔다.

'빨리 저기 가서 돗자리 깔고 눕고 싶다...'

서둘러 남은 궁전 투어를 마치고 재빠르게 정원으로 넘어갔다. 사실 정원은 따로 약 10유로 정도 입장료를 내야 하는데, 잠시 고민했던 내가 바보였다는 것을 금방 깨달을 수 있었다. 정원 입구에 들어서자마자 눈앞에 펼쳐진 오랑주리 정원을 보고는 진짜 말이 안 나올 정도로 황홀했다. 위에서 정원을 한눈에 내려다볼 수 있었는데 처음에는 자로 잰 듯 가지런한 나무와 풀들이 인위적으로 느껴졌다. 하지만 계속 바라보니 오히려 정갈하고 아름답다는 느낌이 들면서 마치 그림 속에 들어온 듯한 느낌으로 변해갔다.

베르사유 정원은 그 규모와 웅장함이 압도적이었다. 중간에 있는 운하까지 걷는 데만 20분이 넘게 걸려, 정원을 전부 둘러보려면 내부의 꼬마 기차를 타거나 카트를 대여해야 했다. 양옆으로 가지런히 뻗은 나무들과 초록빛 풀밭, 그 뒤로 이어지는 푸르른 운하, 그리고 운하 위로 펼쳐진 구름 한 점 없는 하늘까지... 이 모든 것이 환상적으로 어우러졌다. 가이드에게 추천받은 햄버거집에서 점심을 사 들고 운하 앞 잔디에 자리를 잡았다. 매번 먹던 햄버거였지만 이곳에서 먹으니 훨씬 맛있게 느껴졌다. 배를 든든하게 채운 뒤, 여느 때처럼 돗자리 위에 누웠다. 해가 조금 뜨겁긴 했지만 시원한 바람이 적절히 어우러져 조화를 이루었다. 나처럼 누워 쉬고 있는 사람들을 보니 기분도 덩달아 좋아졌다. 운하에서는 작은 배도 탈 수 있었는데 이 순간도 런던아이처럼 미래의 아내와 함께 타봐야겠다는 생각으로 남겨두었다. 그렇게 행복한 시간을 보내고 있는데 어느새 다음 일정인 오르세 미술관에 갈 시간이 됐다.

'아, 여기 좀 더 있고 싶은데... 몇 시까지 가야 되지?'

자세히 보니 목요일은 야간 개장을 한다고 했다. 마침 목요일이라 정원에서 좀 더 시간을 보낼 수 있었다. 처음 이 사실을 알았을 때 얼마나 기뻤던지...

공짜로 얻은 꿀 같은 시간을 즐기고, 이제 진짜 돌아갈 시간이 되었다. 돌아가는 길에도 아쉬운 마음에 사진을 계속 남겼다. 사실 정원 전체를 다 둘러보려 했지만 운하에서의 시간이 좋아 다른 곳에는 가지 않았다. 다음에 베르사유 정원에 온다면 하루를 온전히 이곳에서 보내야겠다는 생각을 했다. 파리에 와서 깨달은 건, 돗자리 하나만 있으면 어디든 힐링 공간이 된다는 것이었다. 에펠탑, 루브르, 개선문만큼이나 정원에서 보낸 시간도 오래 기억에 남았다. 때로는 계획에 없던 휴식이 여행의 진짜 매력인 것 같다.

⑤

때문에가 아닌 덕분에

    유럽에서의 마지막 여행지는 그토록 가보고 싶었던 스위스였다. 예전부터 스위스 하면 떠오르는 이미지가 있었다. 맑은 공기와 푸른 초원, 그 속에서 여유롭게 살아가는 사람들... 일종의 유토피아 같은 곳이라는 막연한 동경이 있었다.

    '과연 내가 상상해온 그 모습 그대로일까?'

    실제로 가서 내 눈으로 확인해보고 싶었다. 파리 리옹역에서 TGV 기차를 타고 세 시간을 달려 스위스 바젤에 도착했다. 숙소가 있는 인터라켄까지 다시 기차를 타고 달렸다. 점점 인터라켄 쪽으로 가까워지자 내가 그토록 기다려온 풍경들이 창문 너머로 펼쳐졌다.

    구름 한 점 없는 파란 하늘과 에메랄드빛 초원, 그 위에서 한가롭게 풀을 뜯는 말과 양들, 간간히 보이는 동화 속에서 튀어나온 듯한 작은 집들... 상상했던 그 모습이 그대로 현실이 되어 눈앞에 펼쳐지고 있었다.

'와, 진짜 내가 생각했던 그 모습이네...'

한동안 풍경에 넋을 잃고 창밖을 바라보다 보니 어느새 인터라켄에 도착해 있었다. 첫인상은 완벽했다. 일단 날씨가 말도 안 되게 좋았다. 스위스 여행에선 날씨가 가장 중요하다고 들었는데 마치 내가 이곳에 온 것을 환영이라도 해주는 것처럼 맑고 화창했다. 가장 기대를 많이 했던 곳인데 그 기대를 저버리지 않는 첫 만남이었다.

첫째 날은 인터라켄 주변을 구경하고 숙소로 돌아왔는데 그때부터 고민이 시작됐다. 원래 계획은 2~3일차에 융프라우와 체르마트를 가려고 했는데 둘 다 날씨가 좋지 않다는 예보였다. 두 곳 모두 가는 데 시간과 교통비가 만만치 않아서 쉽게 결정할 수 없었다. 막상 갔는데 날씨 때문에 아무것도 보지 못하고 돌아올까 봐 걱정이 됐다.

깊은 고심 끝에 그나마 날씨 예보가 괜찮았던 루체른의 일정을 당기고 나머지는 그때 날씨를 보고 결정하기로 했다. 인터라켄에서 루체른까지는 기차로 두 시간 정도 걸렸다. 루체른 역에 도착하자마자 우중충한 구름이 먼저 인사를 건넸다. 정확한 일기예보로 현지인들도 많이 쓴다는 메테오 스위스 앱에서도 분명 맑음이라고 했건만... 검은 구름들이 가득했고 심지어 약간 춥기까지 했다.

'설마 이대로 계속 날씨가 안 좋은 건 아니겠지...'

반신반의하며 원래 목적지였던 리기쿨름으로 향했다. 루체른의 대표

관광지 리기쿨름에 가기까지는 여러 교통수단을 갈아타야 했다. 하지만 이미 유럽이 어느 정도 익숙해진 나에겐 이것쯤은 식은 죽 먹기였다. 열흘 남짓한 시간 만에, 나는 어느새 유러피안처럼 행동하고 있었다. 역 근처에서 배를 타고 비츠나우로 간 다음, 산악열차를 타고 리기쿨름까지 올라가는 루트였다. 배를 타는 내내, 산악열차를 탔는데도 날씨는 좀처럼 나아질 기미를 보이지 않았다. 심지어 산악열차를 타고 올라갈 때는 점점 날씨가 더 안 좋아지는 것 같기도 했다.
'아... 날을 잘못 잡은 건가...'
슬슬 걱정이 현실이 되어가는 것 같았다.

그 순간 갑자기 마법처럼 해가 나타나기 시작했다. 생기가 없어 보이던 풀과 나무들도 햇살을 받으니 푸릇푸릇하고 생기가 넘쳐 보였다. 자세히 보니 어두웠던 구름을 뚫고 위로 올라온 것이었다. 이때부터 마음이 들뜨기 시작했다. 아래에 깔려있는 구름들이 마치 눈이 쌓여있는 듯했다. 사진으로만 보면 눈인지 구름인지 헷갈릴 정도였다. 마침내 구름을 뚫고 리기쿨름에 도착했다. 리기쿨름은 리기산의 정상으로 한라산보다 약간 낮은 높이인데 체감상으론 훨씬 높은 느낌이었다. 아래에서 전망대를 오르는 계단을 바라보니 마치 하늘로 올라가는 듯한 기분이 들었다. 가장 높은 곳에 섰을 때는 세상이 온전히 내 발 아래 펼쳐진 듯했다. 발아래 깔린 구름과 머리 위를 흐르는 구름은 전혀 다른 세계처럼 느껴졌다. 이후 소품샵도 구경하고 리기칼츠바드까지 약 한 시간 정도 하이킹을 했다.

  길을 헤맬까 걱정했지만 잘 정리된 표지판 덕분에 금세 안심할 수 있었다. 경치를 즐기며 내려오다 벤치에 앉아 구름을 바라보며 오레오를 먹으며 잠시 여유를 부리기도 했다. 즐거움에 빠져 어느 순간 표지판을 확인하니 목적지가 보이지 않았다. 국토종주에서 길을 헤맸던 악몽이 떠올라 지나가는 사람에게 물어보니 반대 방향이라고 했다. 최소 30분 이상은 더 걸어야 한다는 말에 약간 힘이 빠졌지만 동시에 문득 이런 생각이 들었다.

  '길을 잘못 든 덕분에 지금 이 풍경들을 더 오랫동안 볼 수 있겠구나.'

  예상치 못한 하이킹 시간을 확보한 것 같아 기분이 좋아졌다. 이날 하이킹을 하면서 처음으로 그 매력에 흠뻑 빠졌다. 하이킹의 진정한 매력을 느끼다 보니, 지인이 추천했던 이탈리아의 '돌로미티'가 떠올랐다. 언젠가는 그곳에 꼭 가서 지금 느낀 이 황홀함만큼이나 벅찬 풍경을 마주하고 싶다는, 새로운 버킷리스트가 하나 더 생겼다.

  동시에 '덕분에'라는 단어에 꽂혀버렸다. 이날만 하더라도 루체른으로 일정을 바꾼 덕분에 구름 위를 뚫고 올라가는 순간을 경험할 수 있었다. 이후에도, 날씨 덕분에 계획에 없던 베른이라는 도시를 가볼 수 있었고, 무엇보다 마지막 날 동행을 만나게 된 것 역시 일정을 바꾼 덕분이었다. 만약 날씨 때문에 원하던 계획을 못하게 됐다고 생각했다면 여행 내내 부정적인 기운이 가득했을 것이다. 하지만 날씨 덕분에 새로운 경험을 할 수 있었다고 생각하니 모든 상황이 감사하게 느껴졌다. 운은 언제나 내 주변에 있다. 그 운을 긍정적인 에너지로 바꿀지, 부정적인 에너지로 바꿀지는 오로지 나의 선택이다.

'때문에'가 아닌 '덕분에'로 살아간다면 어떤 상황에서도 긍정적인 기운이 함께한다는 것을 깨닫게 된 소중한 시간이었다.

─┤ ⑥ ├─

유럽이 안겨 준 두 가지 선물

　스위스에서도 설산은 꼭 한번 올라가보고 싶었다. 하얀 눈으로 뒤덮인, 영상으로만 보던 설산을 내 두 눈으로 직접 보고 싶었던 것이다. 그래서 알프스 산맥의 대표적인 봉우리, 해발 4,158m의 융프라우를 정복하기로 했다. 이곳에서는 사진을 많이 남기고 싶어 동행을 구했다.

　이른 아침 숙소를 나서자 구름 한 점 없는 맑은 하늘이 반겨줬다. 하지만 워낙 변덕스러운 날씨라 약간의 긴장은 남겨두기로 했다. 동행들과 역에서 만나 티켓을 끊고 곧장 그린델발트로 기차를 탔다.

　융프라우에 오르는 루트는 여러 가지가 있었는데 우리는 아이거 익스프레스 곤돌라를 타고 아이거 글래처까지 올라갔다. 곤돌라 안에서는 창밖으로 그린델발트 마을 전경이 한눈에 들어왔다.

　아이거 글래처에 도착하자 융프라우요흐로 향하는 산악열차로 갈아탔다. 융프라우요흐는 융프라우와 묀히 사이 능선에 있는 역으로 해발

3,454m에 자리한 유럽에서 가장 높은 기차역이다.

　높이를 더해갈수록 설산이 가까워지는 것이 느껴졌다. 동시에 설렘도 점점 커졌다. 드디어 기차에서 내려 설산을 마주했다. 창문 너머임에도 바로 앞에 있는 듯한 느낌이었다. 발자국 하나 없는 순백의 설산을 처음 마주한 순간, 들뜬 마음으로 사진을 쉴 새 없이 찍었다.

　곧이어 스핑크스 전망대에 도착했다. 이제는 설산을 눈앞에서 직접 만날 차례였다. 구름 하나 없는 하늘, 강하게 내리쬐는 햇빛, 온통 하얗게 물든 주변 풍경을 바라보니 감탄이 절로 나왔다. 한동안 풍경을 눈에 담으며 서로 사진을 찍어준 뒤, 다음 장소로 이동했다.

　내부에 있는 알파인 센세이션과 얼음궁전을 지나 포토 스팟으로 유명한 플라토 전망대에 도착했다.

　전망대에서 바라본 풍경은 한마디로 '경이로움' 그 자체였다. 눈부시게 하얀 만년설이 끝없이 펼쳐져 있었고 그 위로 솟아오른 날카로운 암봉들이 하늘을 찌를 듯 서 있었다. 해발 4,000m가 넘는 알프스의 거대한 봉우리들이 파노라마처럼 이어진 장관은 말 그대로 압도적이었다. 아이거, 묀히, 융프라우... 이름만 들어도 가슴 뛰던 봉우리들이 모두 내 눈앞에 있었다.

　믿기 어려운 비현실적인 풍경 속에서, 그 순간 내가 그곳에 있다는 사실만으로도 행복했다. 그리고 유럽에 오게 된 이유가 무엇인지 분명하게 깨달을 수 있었다.

꽤 이른 시간이었음에도 불구하고 포토 스팟에는 이미 사람들이 길게 줄을 서 있었다. 대부분 한국인과 중국인이었는데 그중에서도 한국인이 가장 많았다. 다행히 동행이 있어 기다리는 시간이 지루하거나 힘들지 않았다.

혹시 몰라 런던에서 토트넘 경기를 볼 때 사용했던 태극기를 챙겨왔는데 이곳에서도 유용하게 쓰였다. 동행들과 돌아가며 사진을 찍고 이야기를 나누다 보니 어느새 두 시간이 훌쩍 흘러 있었다. 드디어 우리 차례가 되었고 기다리는 사람들의 마음을 누구보다 잘 알기에, 사진은 일사천리로 찍었다. 태극기를 들고, 스위스 국기를 들고, 단체샷과 개인샷까지... 마치 프로 사진작가라도 된 듯 끊임없이 셔터를 눌러댔다. 특히 높은 곳에 걸린 스위스 국기는 바람이 불 때만 휘날리는데, 마침 우리가 찍는 순간에 맞춰 바람이 불어주었다. 그 타이밍마저 기가 막혔다.

플라토 전망대에서 인생샷을 건진 뒤, 본격적인 하이킹을 시작했다. 우리 동행은 총 세 명이었고, 방장이었던 동생과 다섯 살 많은 형과 함께했다. 동생은 다른 일정을 위해 먼저 내려가고 형과 나는 둘이서 하이킹을 이어가기로 했다.

시작부터 마음이 설레고 들떴다. 한국에서는 좀처럼 보기 힘든 풍경이 눈앞에 펼쳐졌기 때문이다. 날씨도 좋아서 걸음을 옮길 때마다 새로운 풍경이 나타났고 그럴 때마다 놀라움에 자주 멈춰 서곤 했다. 처음에는 설산이 멀어지는 게 아쉬웠지만 나중에는 눈이 없는 풍경만의 새로운 매력도 있었다. 눈 덮인 봉우리를 한눈에 내려다보는 것도 장관이었지만 내려오면서 올려다보는 풍경은 또 다른 감동을 주었다. 각도가 바뀔 때마다 산의 모습이 완전히 달라 보였고 그때마다 새로운 감탄이 밀려왔다.

내려가던 중 고산호수를 발견했는데 물이 얼마나 맑은지 구름과 산봉우리가 거울처럼 그대로 비쳐 있었다. 마치 하늘과 땅의 경계가 사라진 듯한 환상적인 광경이었다. 원래는 한 시간 반 정도 하이킹을 하고 곤돌라를 타고 내려갈 계획이었지만 막상 도착하니 너무 아쉬웠다. 형도 같은 마음이라 결국 끝까지 걸어 내려가기로 했다.

내려오는 동안 형과 많은 이야기를 나눴다. 형은 박사 과정을 마치고 자동차 회사 입사를 앞두고 유럽 여행을 왔다고 했다. 나는 여행이 끝나가는 시점이었지만, 형은 이제 막 시작하는 단계라 한편으로 부럽기도 했다. 게다가 같은 공대 출신에 제조업 기반의 회사라는 공통점이 있어 대화가 술술 이어졌다. 만난 지는 반나절밖에 되지 않았지만 오래 알고 지낸 사람처럼 편안했다. 제주에서 스태프 생활을 하면서 느꼈던 것처럼, 친구란 꼭 오랜 시간을 함께해야만 되는 게 아니라는 걸 다시 한번 깨닫는 순간이었다.

어느덧 서른 중반을 향해 달려가던 나는 형에게 솔직한 마음을 꺼내놓았다.

"이제 진짜 30대가 된다는 게 조금 두렵기도 하고, 동시에 설레기도 해. 그동안의 20대랑은 뭔가 크게 다를 것 같기도 하고…"

형은 잠시 웃더니 고개를 끄덕였다.

"나도 처음엔 그런 생각을 했어. 뭔가 확 달라질 줄 알았거든. 근데 막상 30대 초반을 겪어보니까, 사실 20대랑 크게 다를 게 없더라. 그냥 이어지는 하루하루일 뿐인 것 같아."

그 말을 듣고 나니 조금 안심이 됐다. 사실 30대라는 숫자에 괜히 의미를 부여하고 뭔가 특별한 변화가 있어야 할 것처럼 조급해했던 건 아닐까 싶었다. 결국 중요한 건 나이가 아니라 내가 어떤 선택을 하고 어떤 하루를 살아가느냐였다. 30대라는 껍데기에 휘둘리기보단, 그것들을 채우는 하루는 여전히 내 손에 달려 있다는 사실이 오히려 위로가 됐다.

그렇게 한참 대화를 나누며 걷다 보니 어느새 그린델발트에 도착했다. 마침 해가 지고 있었고 전부터 보고 싶던 아이거북벽의 일몰을 눈앞에서 맞이할 수 있었다. 붉게 물든 하늘을 배경으로 서 있는 아이거의 실루엣은 그 자체로 한 폭의 그림 같았다.

플라토 전망대에서 헤어졌던 방장 동생과 새로운 동행 동생도 같이 모여 저녁을 먹기로 했다. 운이 좋게도 동생 숙소에는 바베큐를 할 수 있는 공간이 있었다. 스위스 대표 마트인 Coop에서 장을 보는데, 대학생 때 가평으로 MT를 온 것처럼 들뜨고 설렜다.

메뉴는 삼겹살. 이때 먹었던 삼겹살은 잊을 수 없는 맛이었다. 생각해 보니 유럽에 와서 한식을 제대로 먹은 적이 없었는데 여행 마지막 날에 제대로 먹게 된 것이었다. 스위스 삼겹살은 약간 쫀득하고 비계도 적당해 내 입맛에 딱 맞았다. 같이 산 소시지와 와인까지 곁들이니 금상첨화였다.

정해진 이용 시간이 다 되었는데 모두들 이대로 끝내기 아쉬워 밖으로 나가기로 했다. 대부분의 가게들은 일찍 닫아서 근처 마트에서 간단하게 맥주와 과자를 사고 야외 벤치에서 먹기로 했다. 한국과는 다른 분위기라는 것을 알았기 때문에 나름 조용히 대화하며 먹었다.

그런데 갑자기 경찰들이 다가왔다.

'어? 우리가 뭘 잘못했나?'

처음에는 당황했지만 대화를 해보니 주민 신고가 들어왔다고 했다. 바로 앞 건물이 회사나 상업용 건물인 줄 알았는데 알고 보니 주거용 건물이었던 것이다. 우리는 미안하다고 얘기하며 황급히 자리를 정리하고 짐을 챙겼다. 경찰분들도 친절하게 상황을 설명해주며 마지막에는 웃으며 좋은 여행 되라고 덕담까지 해주었다.

덕분에 예상치 못한 '스위스 경찰과의 만남'이라는 특별한 추억이 생겼다. 나중에 생각해보니, 이런 게 여행의 묘미가 아닐까 싶었다. 완벽한 계획보다는 이런 예상치 못한 에피소드들이 더 오래 기억에 남는 법이니까.

나는 다음 날 한국으로 돌아가야 했고 나머지 동행 친구들은 계속 스위스에 남아 함께 여행한다고 했다. 딱 하루만 더 있을 수 있으면 좋을 것 같은데... 하필 여행 마지막 날 만난 것이 너무나 아쉬웠다. 아쉬운 작별인사를 나누고 혼자 숙소로 돌아오는데, 약간의 취기 때문인지 마음이 왠지 모르게 공허해졌다.

원래 동행에 대해 크게 신경 쓰지 않았기 때문에 런던에서 토트넘 경기를 볼 때 외에는 혼자 여행했다. 그런데 이번을 계기로 왜 사람들이 동행을 구하는지 알게 되었다. 마음이 맞는 사람들과 함께라면 여행의 즐거움이 배가될 수 있다는 사실이 신기하게 느껴졌다.

15일 동안 혼자 유럽여행을 하면서 크게 두 가지를 깨달았다.

첫 번째는 '막상 해보면 별거 아니다'라는 것이었다. 유럽으로 떠나기 전엔 모든 것이 걱정이었다.

'원하는 목적지까지 제대로 갈 수 있을까?' '소매치기를 당하진 않을까?' 하는 생각들 말이다.

하지만 막상 겪어보니 내가 걱정했던 일들은 대부분 일어나지 않았다. 심지어 해보니 별것도 아니었다. 런던에서 숙소까지 지도를 보지 않고 걸어가고, 파리에서 지하철과 버스를 아무 문제 없이 타고, 스위스에서 기차 환승도 자연스럽게 해냈다.

왜 다들 대학생 때 해외여행이나 연수를 가보라고 하는지 이제야 알 것 같았다. 처음에는 영어 실력 같은 외국어를 배우기 위해 간다고 생각했다. 하지만 그보다 더 중요한 건, 새로운 문화와 환경을 직접 경험해보는 것이었다. 그리고 그 과정에서 예상치 못한 깨달음과 인사이트를 얻기도 한다. 막상 경험해보니 아무것도 아니라는 사실을 알게 된다면 앞으로 살아가면서 두려움 없이 도전할 용기가 생긴다.

　내 인생의 버킷리스트 중 하나인 '자녀가 스무 살이 되는 해에 아내와 세계 일주하기'에 이어 새로운 목표가 생겼다. 바로 자녀가 대학생이 되었을 때 한 달 이상의 해외 경험을 시켜주는 것이다. 이렇게 소중한 경험이 직접 느껴지니 더욱 간절하게 다가왔다. 물론 앞으로 이를 위해 열심히 일해야겠지만, 목표를 달성할 순간이 하루빨리 왔으면 좋겠다.

　두 번째는 '나는 결국 자연을 사랑하는 사람'이라는 것이었다. 런던에서 시작해 파리에서 점점 확신이 커졌고, 스위스에서 분명해졌다. 원래 자연을 좋아하긴 했지만 해외에서는 어떤 느낌일지 궁금했다. 물론 박물관에서 도슨트 투어를 듣고 유명한 유적지에 가는 것도 뜻깊은 시간이었다. 하지만 가장 기억에 남는 순간들을 떠올려보면 모두 자연 속에서였다.

　런던의 세인트 제임스 공원에서 돗자리를 펼치고 누워 파란 하늘을 바라봤을 때, 파리의 베르사유 정원 잔디밭에서 운하를 바라보며 햄버거를 먹었을 때, 그리고 스위스 알프스의 대자연 속에서 4,000m 봉우리들과 마주했을 때가 가장 벅찼다.

　특히 스위스에서 본 풍경들은 평생 잊지 못할 것 같다. 구름 위로 솟아오른 만년설 봉우리들, 에메랄드빛으로 빛나는 고산호수, 그리고 그 모든 것을 품은 하늘… 인간이 만든 어떤 작품도 자연이 주는 감동을 따라잡을 수 없다는 걸 깨달았다.

　첫 혼자 유럽여행은 이렇게 막을 내렸다. 두려움으로 시작했지만 자신감으로 끝났고, 혼자 떠났지만 소중한 사람들을 만나 돌아왔다. 무엇보다 내가 어떤 사람인지, 무엇을 좋아하는지 더 명확하게 알게 된 뜻깊은 여정이었다.

빈틈없이 꽉 채웠던 한 달

| 세부 한 달 살이

─┤ ① ├─

이전과는 다른 새로움

 2025년, 오지 않을 것만 같았던 복직의 해가 밝았다. 사실 이때까지만 해도 크게 와닿지 않았다. 아직 두 달이나 남았고 그 기간도 계획으로 가득했기 때문에 복직에 대해 생각할 시간조차 없었다.

 세부를 가야겠다는 생각은 자전거 국토종주를 함께했던 친구의 영향이 컸다. 한창 취업 준비로 바쁘던 2020년, 친구는 홀연히 세부로 3개월 어학연수를 떠났다. 그 당시 친구는 너무 좋다며 늦지 않았으니 지금이라도 당장 오라고 말했다. 나도 가고 싶은 마음이 굴뚝같았지만 그땐 취업이 더 우선순위라고 생각해 끝내 참았다.

 연수를 마치고 돌아온 친구는 몇 년이 지나서도 종종 그때의 추억을 떠올렸다. 인생에서 가장 행복했던 순간이라며 나중에 기회가 되면 꼭 가보라고 했다. 나는 어렸을 때부터 영어에 대한 막연한 두려움이 있었고 그것을 이번 휴직기를 통해 꼭 깨고 싶다는 생각도 했다. 또한 물놀이와 액티비티를 좋아하는 나에겐 세부가 영어 공부를 하면서 놀 수 있는 완벽한 선택지였다.

처음엔 친구처럼 3개월을 계획했지만 일정에 변수가 생겨 결국 한 달만 머물기로 했다. 그래도 그 한 달을 친구의 3개월처럼 꽉 채워 보내면 되지 않을까 하는 생각이었다. 운이 좋게도 인기가 많은 어학원에 딱 한 자리가 생겨 바로 신청했다. 그렇게 새해가 밝은 지 얼마 안 된 1월 4일, 필리핀 세부로 떠났다.

세부 막탄 공항을 빠져나왔을 때 첫 반응은 '어? 생각보다 안 덥네?'였다. 도착 시간이 새벽이라는 걸 깜빡했나 보다. 한국의 차디찬 겨울에서 온 내게는 이 정도도 충분히 따뜻했다.

학원 관계자를 만나 무사히 숙소에 도착했다. 간단한 안내를 듣고 방에 들어서니 누군가 자고 있었다. 4인실에 2명만 쓴다니 기분이 더 좋았다. 짐을 정리하고 샤워를 마치고 누우니 새벽 4시였다.

피곤함에 바로 잠이 들었고 눈을 떠보니 점심시간이었다. 룸메이트도 일어나 뭔가 하고 있었다. 어색한 분위기를 깨려고 웃으며 인사했다.

"안녕하세요~"

"안뇨하세요?"

순간 머릿속이 하얘졌다.

'아, 맞다. 여기 한국 아니지...'

미안하다고 말하고 대화를 나누다 보니 일본에서 온 친구라는 것을 알게 되었다. 이름은 리키. 26살에 건축학을 전공했고 이미 세부에 온 지 몇 달 된 선배님이었다. 졸업 후에는 바로 캐나다 워킹홀리데이를 갈 계획이라고 했다.

리키는 정말 친절했다. 먼저 물어보기도 전에 이것저것 생활 팁을 알려줬다. 헬스장을 소개해주며 다른 일본 친구들에게도 나를 소개해주었다. 점심도 함께 먹었다.

나의 어설픈 영어 때문에 완벽한 의사소통은 안 됐지만 서로 무슨 말인지는 대충 통했다. 몸짓과 단어 몇 개만으로도 충분했다.

식사 후엔 혼자 학원을 돌아다녔다. 이날은 특별한 일정 없이 쉬는 게 유일한 할 일이었다. 수영장 옆 선베드를 발견하자 망설임 없이 달려갔다. 배부른 상태로 누워 낮잠을 자니 휴양지에 놀러 온 느낌이 들었다. 그제야 '아, 내가 세부에 왔구나' 실감이 났다. 주변에 아무도 없어서 마치 리조트를 통째로 빌린 기분이었다.

다음 날부터 본격적인 일정이 시작되었다. 레벨테스트를 봤는데 각 영역별로 꽤 많은 문제를 오랜 시간 풀었다. 오랜만에 머리를 굴리니 피곤했지만 정확한 실력 측정을 위해 열심히 임했다.

결과는 80점 만점에 53점으로 E2 등급이었다. E1~E4 중에서 E4가 가장 높은 등급이었다.

'E1은 아니네. 다행이다.'

이 등급을 바탕으로 수업 스케줄이 만들어졌다. 오전 8시부터 45분씩 총 10교시. 점심시간을 빼고는 쉬는 시간이 5분뿐인 꽤 타이트한 일

이전과는 다른 새로움 195

정이었다.

 학원 대표가 한국인이라는 소문처럼 한국 교육 시스템을 그대로 가져온 느낌이었다. 나는 기본 회화 코스로 그룹 수업 5개, 맨투맨 4개, 셀프스터디까지 골고루 구성되어 있었다.

 선생님들은 대부분 만족스러웠다. 학생 구성은 한국, 일본, 대만, 중국, 사우디아라비아였는데, 선생님들 대부분이 한국에 대해 엄청 호의적이었다. K-pop, K-드라마, K-푸드의 위력을 몸소 느끼는 순간이었다.

 매주 화요일과 목요일 저녁이면 학원이 시끌벅적해진다. 줌바댄스 시간 때문이다.
 어느 날 저녁을 먹고 있었는데 신나는 음악이 크게 울려 퍼졌다. 후다닥 밥을 다 먹고 구경하러 갔는데, 그곳에 도착한 순간 나도 어느새 몸이 들썩이게 되었다. 하지만 앞에서 나가서 출 정도의 용기는 없었다. 스테이지에서 춤추는 용감한 학생들을 보며 생각했다.
 '졸업 전에는 꼭 한 번 해봐야지.'
 하지만 이 다짐은 그리 오래가지 않았다. 며칠 후, 나도 모르게 춤추는 사람들 사이에 끼어 있었다. 어떻게 된 건지 모르겠다. 그냥 몸이 알아서 움직인 것 같았다. 물론 같이 있던 친구들의 영향도 있었지만, 내 인생에 춤이라... 정말 어색했다. 나는 태어날 때부터 춤에는 정말 소질이 없었다. 몸도 엄청 뻣뻣하다. 하지만 그냥 신경 쓰지 않고 앞에 있는 강사님을 따라 했다. 어려운 동작이 나오면 내 방식대로 해석하고 쉬운 동작이 나오면 더 신나게 따라했다. 마지막엔 옆 사람들과 손잡고 강강술래처럼 돌며 단체 댄스까지 췄다.

 다 끝나고 보니 땀이 등줄기를 타고 흘렀다. 헬스장 갈 필요가 없을 정도로 이미 충분한 운동이었다. 한바탕 댄스타임이 끝난 후, 강사님과 댄스 동료들과 단체 사진을 찍으며 훈훈하게 마무리했다.

 세부에서의 첫 주는 적응의 시간이었다. 지금까지 제주, 남해에서의 한 달 살이와는 뭔가 달랐다. 언어도, 문화도, 사람들도. 모든 게 새롭고 낯설었다. 하지만 그 낯섦이 무섭지 않았다. 오히려 설렜다. 리키 같은 좋은 사람들을 만났고 줌바댄스까지 추게 됐으니 말이다. 앞으로 3주가 더 남았다. 또 어떤 재미있는 일들이 기다리고 있을지 설렘 가득한 첫 주였다.

② 내 생애 첫 외국인 친구들

어느 날은 대만 친구 이산이 나가서 저녁을 먹자고 제안했다. 해군 장교 출신인 이산은 겹치는 수업이 많아서 금방 친해졌다. 그런데 문제는 나 혼자만 한국인이라는 것. 대만 친구 한 명, 일본 친구 두 명까지... 갑자기 나는 '다국적 회식'의 유일한 한국 대표가 되어버렸다.

'뭐, 어떻게든 되겠지.'

그런 생각으로 이산과 함께 지프니에 올랐다. 필리핀의 대중교통인 지프니를 처음 타보는 날이었다. 개방형 버스 같은 이 탈것은 신기하긴 했지만... 더운 날씨에 어깨를 제대로 펼 공간도 없어서 꽤 답답했다. 그래도 한화로 360원이라 더 바랄 건 없었고 이것도 계속 타다보니 금세 적응이 됐다.

장소는 한식당. 나를 배려한 건지 원래 다들 한식을 좋아하는 건지 모르겠지만, 세부에서의 첫 한식이라 더욱 설렜다. 식당에 도착하니 이미 다른 친구들이 와 있었다. 30대 중반의 대만 친구와 20대 초반 일본 친구들이었다. 인사를 마치고 메뉴를 고르려는 순간, 모든 시선이 나에게 집중됐다.

'아, 내가 여기서 한국 음식 전문가 역할을 해야 하는구나.'

당황하지 않고 침착하게 메뉴판을 집어 들며 소고기와 돼지고기 중에 어떤 게 좋은지 물어봤다.

"Both!"

역시 청년 네 명의 대답은 확실했다. 삼겹살과 목살로 시작해서 사이드로 김치말이국수와 주먹밥을 주문했다. 김치말이국수가 예상과 달리 뜨거운 잔치국수 스타일이었을 때는 살짝 당황했지만 다행히 친구들은 잘 먹어줬다. 소주와 맥주까지 준비하고 첫 잔은 소주로 다 함께 건배를 했다. 두 번째는 직접 소맥을 말아줬다. K-직장인으로서 그동안 쌓아온 실력을 가감 없이 뽐냈다. 친구들의 만족스러운 표정을 보니 왠지 모르게 뿌듯했다.

한참 맛있게 먹고 있는데 다들 상추는 건들지도 않고 고기만 먹고 있다는 것을 알게 되었다. 모두 쌈의 존재를 모르고 있었다. 직접 쌈을 전파하기로 했다. 상추 위에 밥과 고기를 올리고 쌈장과 파절이로 마무리. 돌돌 말아서 입에 넣는 시범까지 몸소 직접 보여줬다. 친구들은 익숙하지 않아 내용물이 조금씩 쏟기도 했지만 그래도 열심히 따라 하려는 모습이 기특하기도 했다.

"Amazing!"

쌈을 처음 맛본 친구들의 반응이었다. 대만 친구 이산은 한식당에 여러 번 와봤지만 한 번도 쌈을 먹어보지 못했다며 알려줘서 고맙다고 했다. 그 이후로는 상추를 몇 번이고 리필해야 할 정도로 모두 쌈의 매력에 빠져들었다.

돼지고기로 어느 정도 배를 채우고 곧바로 소갈비살을 주문했다. 일반과 양념 두 가지를 시키면서 자연스럽게 직원에게 소금을 달라고 했다.

뭔가 음식에 일가견이 있는 사람처럼 친구들에게 일반 소갈비살은 소금을 찍어 먹으라고 했다. 이렇게 행동하는 내 모습이 낯설긴 했지만... 나름 꽤 멋있어 보였다.

맛있게 먹으면서 여러 이야기를 나눴다. 남자 다섯 명이 모이니 당연히 여자 이야기도 나왔다. 대만 친구는 학원에서 여러 국가의 여학생들 중 일본 여자가 가장 다가가기 어렵다고 했다. 일본 친구들도 동의하며 아마 수줍음이 많아서 그럴 거라고 대답했다. 이어서 어느 나라 여자가 가장 예쁜지 투표를 했는데 자랑스럽게 한국이 1등을 차지했다. 왠지 모르게 어깨가 으쓱한 순간이었다. 이런 식으로 서로 궁금했던 각국의 문화를 자연스럽게 주고받았다. 그 자리는 단순한 식사 자리가 아닌 진짜 '문화 교류의 장'이었다.

며칠 후, 나는 처음으로 외국인 친구의 생일파티에 초대받았다. 생일의 주인공은 룸메이트였던 카츠키였다. 기존에 있던 리키 이후에 한국 친구 한 명과 일본 친구 카츠키가 방에 들어온 상태였다. 경제학을 전공한 카츠키는 1996년 1월생이었다. 일본도 빠른 연생 문화가 있어 나와 동갑이었다. 어차피 이곳에서는 나이가 크게 중요하지 않았지만 그래도 왠지 모르게 더 정이 갔다. 카츠키도 리키처럼 친절하고 젠틀했다. 잘생긴 얼굴에 운동도 열심히 해서 더 멋있어 보이는 친구였다. 방에서도 대화를 많이 나누고 종종 함께 시간을 보내며 더욱 가까워졌다.

지난번에 같이 닭갈비를 먹은 적이 있어서 이번에는 이자카야로 장소가 정해졌다. 일본 친구들이 있으니 마음이 든든했다. 고민 없이 추천받은 메뉴들을 먹었는데 역시 하나같이 맛있었다.

생일파티에는 기존에 알던 일본 친구 카이와 다른 한국 친구들, 그리고 새로운 일본 친구 카코도 함께했다. 일본에서 간호사로 일했다던 카코는 한국에 관심이 많았고 한국어도 꽤 많이 알고 있었다. 음식을 먹을 때마다 "맛있어요!", "최고야!"를 연발하는 모습이 마치 귀여운 어린아이 같았다. 나도 일본 친구들에게 배웠던 일본어를 하면서 서로 언어를 주고받는 '언어 품앗이'를 하기도 했다.

이후 2차로 학원 근처 라이브 카페 술집으로 이동했다. 엄청나게 높은 타워 칵테일을 마시며 웃고 떠들다 보니 시간이 훌쩍 지났다. 피곤한 친구들이 하나둘 빠지고 결국 며칠 전 닭갈비를 함께 먹었던 멤버들만 남았다. 그때부터가 진짜 시작이었다. 카이가 짱구 캐릭터 성대모사를 하는데 비슷한 것도 웃겼지만 묘사하는 모습이 더 웃겼다. 카이는 정말 유쾌한 친구였다. 나에게는 없는 에너지가 느껴져서 더 멋있게 보였다. 20대 초반의 어린 나이였지만 주식투자로 번 수익으로 세계 여행을 하고 있다는 점도 인상적이었다. 하와이에서 스카이다이빙을 하는 영상, 태국 이펭 축제에서 수많은 연등을 날리는 영상까지... 카이는 인생을 정말 멋지게 살고 있는 친구였다.

돌이켜보니, 외국인 친구들과의 첫 만남이 이렇게 자연스럽고 재밌을 줄 몰랐다. 언어의 벽은 생각보다 큰 문제가 아니었다. 서툰 영어와 바디랭귀지, 그리고 진정성만 있으면 충분했다.

무엇보다 내가 쌈을 가르치고, 소갈비살 먹는 법을 알려주고, 소맥을 만들어주면서 '한국 문화의 전도사' 역할을 하게 된 것도 신기했다.

그리고 세상은 생각보다 넓지만, 사람들은 생각보다 비슷하다는 것도 알게 되었다. 대만, 일본, 한국. 서로 국가는 달라도, 20대의 고민과 웃음은 크게 다르지 않았다.

― ③ ―

인생 최고의 액티비티

    평일에 빡빡한 스케줄을 다 마치면 주말 이틀간의 방학이 찾아온다. 한 달이라는, 어쩌면 짧은 기간 덕분에 주말 하루하루도 그냥 보낼 수 없었다. 물놀이를 좋아하는 나에게 세부는 놀 것이 많은 천국이었다. 아일랜드 호핑투어를 하며 잠시 호화로운 생활을 느껴보고, 오슬롭에서는 고래상어를, 모알보알에서는 바다거북 친구들과 만나기도 했다.
    다양한 액티비티를 했지만 그중에서도 가와산 캐녀닝은 내 인생 최고의 액티비티였다. 세부에서 연수했던 친구가 예전부터 적극 추천해줬는데 관련 영상을 찾아보니 딱 내 스타일이었다. 한국에서부터 가져온 기대를 한껏 품고 액티비티 장소에 도착했다.
    안전 장비를 착용하고 본격적인 장소로 출발하는 순간부터 설레기 시작했다. 지프니 같은 차를 타고 산길을 거침없이 달리는 건 마치 오프로드 드라이빙 같아서 더 좋았다. 먼저 도착한 곳은 짚라인 출발점이었다.

캐녀닝 시작점까지 1km 거리를 1분 정도면 도착한다고 해서 솔직히 겁나지 않았다.

하지만 막상 출발하니 느낌이 달랐다.

'어? 생각보다 높은데?'

아래를 보니 생각보다 아찔한 높이였고 안전장치도 뭔가 허술한 느낌이라 살짝 무서워졌다. 그래도 다시 마음을 다잡고 뻥 뚫린 숲길과 저 멀리 보이는 바다를 바라보니 한결 편해졌다.

본격적인 캐녀닝 입구에 도착했다. 우리 일행은 총 11명이라 5~6명씩 팀을 나눴다. 우리 팀에선 내가 나이가 많은 편에 속해서 자연스럽게 제일 먼저 앞장서게 됐다. 오랜만에 맡는 팀장 역할이었다.

산길을 올라야 했기 때문에 주로 일렬로 이동했다. 위험한 곳에서는 현지 직원분들이 도와주었지만 나도 앞에서 함께 팀원들을 이끌어줬다.

'오랜만이네, 이 느낌.'

어렸을 때 무언가를 이끌고 주도적이었던 모습들이 되살아나는 듯했다.

첫 번째 다이빙 스팟에 도착했다. 높이는 3m 정도로 높지 않았지만 처음이라 약간 긴장이 됐다. 하지만 내가 첫 번째 주자였고 지켜보는 팀원들을 불안하게 만들 수 없다는 생각이 들었다.

"하나, 둘, 셋!"

팀원들의 구호에 맞춰 몸을 던졌다. 물을 조금 먹긴 했지만 너무나도 신났다.

'이거 완전 내 취향이잖아?'

뒤이어 팀원들이 한 명씩 다이빙했다. 그때마다 서로 박수를 치며 응원해줬다. 중간 이동 중 포토스팟이 나오면 현지 직원분들이 사진을 열심히 찍어주었다.

곳곳에 있는 자연 워터슬라이드도 완전 내 스타일이었다. 워터파크의 인공 슬라이드가 아닌, 자연 그대로의 폭포에서 즐기는 슬라이드는 차원이 달랐다. 폭포 아래서 물벼락을 맞으며 수련을 하기도 하고 좁은 동굴에 들어가 탐험가가 되어보기도 했다.

한바탕 역동적인 액티비티를 즐긴 후 쉬어가는 코너에서는 팀원과 기차놀이를 했다. 발끝으로 서로 연결되어 하늘을 바라보며 흐르는 물에 몸을 맡겼을 때, 세상을 다 가진 듯한 기분이 들었다. 양옆에는 자연으로 만들어진 암벽과 울창한 숲, 맑은 하늘과 지저귀는 새들… 이 경이로운 순간을 느끼며 한동안 아무 생각 없이 감탄만 연발했다.

두 시간 동안 신나게 놀다 보니 어느새 중간 지점의 매점에 도착했다. 출출하기도 하고 목도 말랐던 터라 적절한 위치였다. 다 같이 맥주 한 잔을 하며 에너지를 재충전했다. 물놀이 후 마신 시원한 맥주는 그 어떤 것과도 비교할 수 없었다.

다시 기운을 얻고 여정을 시작했다. 7m 다이빙도 팀원 모두 성공했고, 드디어 하이라이트인 10m 다이빙 스팟까지 도착했다. 다른 곳과 달리 다이빙대가 길게 뻗어 있어 끝까지 내려갈 때까지 아래가 보이지 않았다. 멀리서부터 달리며 점프를 했는데 확실히 이전과는 차원이 달랐다.

'우와, 진짜 오래 떨어지네?'

체공 시간이 훨씬 길다는 것이 온몸으로 느껴지는 순간이었다. 무엇보다 가장 높은 10m를 성공했다는 성취감이 컸다. 팀원들도 모두 성공했는데 특히 조이가 뛰어내린 것은 의외였다. 조이는 그룹 메이트로 이제 막 대학교에 들어간 친구였는데, 등산 구간에서 많이 힘들어했기 때문이다. 처음엔 10m 높이에 약간 겁이 난 듯했지만 팀원들의 응원 덕분에 망설임 없이 뛰어내렸다. 밑에서 지켜보던 팀원들은 용감하게 뛰어내린 조이를 칭찬하고 격려했다. 오랜만에 느껴보는 전우애였다.

10m 다이빙 성공 이후 우리 팀은 더욱 끈끈해졌다. 끝판왕을 깨니 이제 어떤 장애물도 해낼 수 있다는 자신감이 생긴 것이다. 이어서 로프 다이빙 스팟에 도착했다. 원숭이처럼 로프를 타고 먼 곳으로 뛰어내리는 곳이었다. 여느때처럼 내가 제일 먼저 뛰었고 뒤이어 다른 팀원들도 모두 성공했다. 우리 팀의 자신감은 하늘 높이 솟아오르고 있었다.

거의 도착했을 때쯤, 거대한 폭포 하나가 나타났다. 다른 관광객들은 폭포를 배경으로 사진을 찍느라 정신이 없었다. 현지 직원이 폭포 안쪽에 히든 스팟이 있다며 우리를 안내했다. 폭포에 가까워지자 바람은 점점 거세졌다. 세찬 물줄기 소리까지 더해지니 꽤 위협적이었다. 강한 물줄기가 쏟아지며 주변으로 물보라가 튀어 앞이 잘 보이지 않을 정도였다.

암석을 짚으며 한 발짝씩 조심스럽게 이동했다. 마치 재난 영화 속 한 장면 같았다. 서로 손을 잡아주며 천천히 이동한 끝에, 우리는 모두 무사히 폭포 안으로 들어갈 수 있었다.

안으로 들어와서 사진만 찍고 돌아갈 줄 알았는데 갑자기 직원이 폭포 속으로 다이빙을 하라고 했다.

'엥? 이게 가능해? 우리보고 이걸 하라고?'

팀원들도 처음에 어리둥절했다. 엄청난 속도와 파워로 떨어지는 폭포 물줄기 속으로 뛰어드는 상상이 되지 않았던 것이다. 얼마 지나지 않아 직원이 직접 시범을 보였다. 진짜로 폭포 한가운데로 다이빙을 했다.

'저분은 수영을 잘하니까 괜찮은 거 아니야...?'

솔직히 이번에는 나도 겁이 났다. 하지만 이번에도 내가 첫 번째 순서였다. 다른 다이빙 때와는 달리 긴장감이 훨씬 컸지만 그만큼 팀원들이 유독 힘껏 응원해주었다.

'어차피 무슨 일 생기면 직원이 도와주겠지.'

팀원들의 응원 덕분인지 왠지 모를 자신감이 생겨 바로 폭포 속으로 뛰어들었다.

처음에는 거센 물줄기에 정신을 차릴 수 없었다. 헬멧을 쓰고 있었지만 머리로 떨어지는 물은 꽤 아플 정도로 거셌다. 손과 발을 이리저리 움직이며 빠르게 폭포를 벗어나려고 애썼다.

잠시 후 시끄러운 폭포를 벗어나자 고요한 순간이 찾아왔다. 정신을 차리고 앞을 바라보니 이미 앞서 뛰었던 직원이 나를 보고 엄지를 치켜세웠다.

'와, 진짜 해냈네?'

신기하고 놀라운 경험이었다. 성공하니 그제서야 웃음이 터져 나왔고 도파민이 최대치로 분출되는 느낌이었다. 이후 팀원 한 명씩 모두 폭포 다이빙을 성공했다. 팀원들이 폭포를 빠져나올 때마다 우리는 박수를 치며 환호했다. 모두가 이 순간이 최고였고, 이번 캐녀닝에서 가장 짜릿한 경험이었다고 입을 모아 말했다. 그렇게 우리는 한동안 여운 속에 잠겼다.

알고 보니 이곳은 직원이 어릴 때부터 매일 놀던 장소였다. 덕분에 우리도 이렇게 특별한 체험을 할 수 있었던 것이다. 우리는 직원에게 최고의 경험을 선물해줘서 고맙다며 감사의 인사를 전했다.

이후 최종 도착지인 가와산 폭포에 도착했다. 마무리로 폭포 아래에서 다 같이 사진도 찍고 수영하며 마지막 아쉬움을 달랬다. 장장 4시간에 걸친 대장정을 아무도 다치지 않고 무사히 마쳤다.

가와산 캐녀닝은 기대 이상으로 신나고 즐거운 시간이었다. 여태껏 해본 액티비티 중 단연 최고였다. 세계 3대 캐녀닝 중 하나라는 사실을 알고 있었지만 이번 경험 덕분에 나머지 캐녀닝도 꼭 도전해보고 싶다는 생각이 들었다. 베트남 달랏, 스위스 인터라켄... 스위스는 어차피 나중에 다시 가면 되니까.

  돌이켜보니 이날 하루 종일 나도 모르게 팀장 역할을 하고 있었다. 앞장서서 길을 찾고 위험한 곳에서 팀원들을 챙기며 먼저 도전해 용기를 북돋아 주는 내 모습을 발견했다.

  학창 시절 반장을 하던 때, 대학교 졸업작품 팀장을 맡았던 때의 감각이 오랜만에 되살아났다. 직장에서는 받기만 했던 것 같은데 누군가를 이끌고 책임지는 역할을 다시 해보니 새롭고 흥미로웠다.

  무엇보다 팀원들과 하나가 되어 단합된 모습이 좋았다. 10m 다이빙을 성공할 때마다 서로 진심으로 축하해주고 폭포 다이빙 같은 극한 상황에서도 서로를 응원하는 모습을 보며 '이게 진짜 팀워크구나' 싶었다.

  그리고 무엇보다 '인생 최고의 액티비티'라는 새로운 페이지가 내 삶에 추가됐다는 것에 행복했다. 스물아홉에도 이런 짜릿한 경험을 할 수 있다는 것이 신기했다. 그동안 잊고 살았던 내 모습을 다시 찾은 기분이었다. 이런 순간들이 쌓여서 비로소 진짜 나다운 삶이 만들어진다는 것을 느끼게 된 하루였다.

――― ④ ―――

5년만에 받는 졸업장

한 달 동안 함께했던 선생님들을 소개해볼까 한다. 각자의 개성이 뚜렷해서 매 시간이 새로웠다.

먼저 맨투맨 스피킹 수업의 Anj. 이 수업은 1교시인 8시부터 시작했다. 어떻게 보면 가장 힘든 시간일 수도 있음에도 Anj는 항상 웃는 얼굴로 수업을 해줬다. 질문도 많이 해준 덕분에 스피킹에 대한 자신감이 많이 늘었던 것 같다. 무엇보다 Anj의 웃는 얼굴 덕분에 기분 좋게 하루를 시작할 수 있었다는 것에 감사했다.

그룹 프리젠테이션 수업의 Nica는 유쾌하고 재밌는 선생님이었다. 직설적이고 거침없는 표현 덕분에 수업 시간에 많이 웃곤 했다. Nica는 K-드라마를 좋아했고, 특히 이민호 배우의 엄청난 팬이었다.

하루는 수업 시작 전에 모두 한국인이었던 그룹 메이트들과 잠시 한국말로 대화를 하고 있었다. Nica는 그 모습을 흐뭇하게 보면서 "드라

마의 한 장면을 보는 것 같아! 계속해!"라고 하던 모습이 기억에 남는다. 처음으로 영어로 프리젠테이션도 해보고 중간에 과자 파티도 하면서 편하게 즐겼던 수업이었다.

　맨투맨 리스닝 수업의 Lynmae는 호탕한 웃음소리와 큰 목소리가 인상적이었다. 그만큼 발음도 정확했고 덕분에 수업 내내 지루할 틈이 없었다. 특히 수업 방식이 마음에 들었다. 그날그날 배우고 싶은 주제에 대해 나에게 선택권을 줬기 때문이다. 사실 리스닝 수업은 한 번 변경을 했는데 이전에는 그냥 듣고 문제를 푸는 것밖에 없었다. 하지만 Lynmae의 수업은 발음 교정, 토론, 프리토킹 등 매번 새로운 주제로 진행된 것이 더 좋았다.

　맨투맨 리딩 수업의 Ruth는 항상 내 이야기에 경청해줬다. 과목은 리딩이었지만 거의 스피킹 같은 수업이었다. 특히 다양한 주제에 대해서 서로의 생각을 공유했다. 한국과 필리핀의 사회 문제, 문화, 역사에 대해서 서로 비교하면서 대화하니 더욱 흥미로웠다. 특히 수업하는 교실의 에어컨이 엄청 세서 항상 춥다며 훌쩍거렸던 모습도 기억에 남는다.

　마지막으로 맨투맨 라이팅 수업의 Joy는 모든 면에서 최고의 선생님이었다. 이 수업이 모든 수업 중에서 가장 기다려지는 시간이었다. 그리고 다른 수업보다 유독 시간이 빨리 가는 수업이었다. 수업 자체도 꼼꼼하고 세세하게 이끌어줬고 Joy의 발음도 좋아서 더 공부가 잘된 것 같다.

　하지만 Joy가 특별했던 건 수업 외의 이유 때문이었다. 처음으로 내 인생 이야기를 같이 나눴던 유일한 선생님이었으니까.

어느 날 수업 중에 자연스럽게 인생에 대한 이야기가 나왔다. 편한 분위기 덕분인지 나도 모르게 많은 이야기를 하게 되었다. 그때 Joy가 말했다.

"진도는 나중에 해도 돼. 이것에 대해 더 얘기하자."

오히려 먼저 내 이야기를 듣고 싶어했다. 내 이야기를 경청하던 Joy는 멋진 삶을 살고 있다며 대단하다고 얘기해 줬다. 앞으로도 내가 하는 모든 일에 응원하겠다며 진심으로 얘기해 주는 것에 엄청난 감동을 받았다. 사실 이 수업도 중간에 변경을 한 거라서 Joy와는 3주 정도 같이 수업을 했는데 너무 짧아서 아쉬웠다.

어느 날 주변 친구들이 학원에서 잘 맞는 선생님이 있으면 따로 얘기해서 전화나 화상 영어 수업을 한다는 것을 듣게 되었다.

'Joy라면 한국에 돌아가서도 계속 수업을 하고 싶은데?'

그날 수업에서 이 얘기를 조심스레 꺼냈다. 아쉽게도 Joy가 살고 있는 곳이 외곽 지역이라 통신이 별로 좋지 않고 본인은 따로 부업을 하지 않는다고 얘기했다. 그래도 이렇게 얘기해 줘서 고맙다고 웃으며 대답해 줬다. 마지막 날까지도 서로 아쉬워하면서 앞으로 서로의 앞날에 행복한 일들만 가득하길 응원하며 마무리했다.

드디어 종강 날이 밝았다. 세부 어학연수 오기 전에 준비해야 할 것들을 찾아봤을 때, 편지지를 꼭 가져가라고 했었다. 그땐 솔직히 한 달밖에 없는데 굳이 편지까지 쓸 정도일까 하는 생각으로 챙기지 않았다.

종강이 다가올 때쯤, 그 생각에 후회가 밀려오기 시작했다. 편지지를 구하기 어려워 임시방편으로 포스트잇에 간단히 적고 미리 준비한 과자와 함께 선생님들에게 전달했다. 하나씩 전해 줄 때마다 고맙다며 좋아해 주던 선생님들을 보며 괜히 마음이 뭉클해졌다.

간단히 쓰려 했지만 그래도 나름대로 편지라 어떤 말을 쓸지 고민하느라 꽤 시간이 걸렸다. 그만큼 한 달 동안 정이 많이 쌓여 아쉬움도 컸던 것 같다.

종강 전날 봤던 레벨 테스트 결과도 나왔다. 70점 이상이 Pass인데, 77점으로 E2에서 E3로 레벨업을 했다! 사실 아무런 준비 없이 보긴 했지만 마지막 유종의 미로 꼭 레벨업을 하고 싶었다. 무엇보다 스피킹 점수가 기존보다 많이 오른 것에 뿌듯했다.

졸업식은 점심 먹고 12시 반부터 시작됐다. 졸업식 이후 바로 보홀로 떠나야 해서 마지막 짐을 최종적으로 정리하고 강당으로 내려갔다. 각 나라별로 한 명씩 호명하며 졸업장을 나눠주고 기념사진도 찍었다. 대학 졸업 후 5년 만에 받는 졸업장이라 감회가 새로웠다.

'졸업장은 꽤 오랜만이네.'

대학교 졸업식 때는 '이제 뭘 해야 하지?'라는 막연한 걱정이 앞섰지만 이번에는 달랐다. 뭔가 새로운 시작을 위한 준비가 끝났다는 느낌이었다. 5년 동안 직장생활을 하면서 잊고 있던 '배움의 즐거움'을 다시 느꼈으니까.

단순히 영어 실력을 늘리러 온 거였는데, 그보다 더 많은 것을 얻은 것 같았다. 새로운 사람들과의 만남, 다른 문화에 대한 이해, 그리고 무엇보다 다시 찾은 도전 정신까지.

마지막으로 한 달간 함께했던 소중한 친구들과 한 명씩 사진을 남겼다. 같이 있으면 재밌고 즐거운 일본 친구 카이, 한 달 동안 아무 일 없이 편하게 지냈던 408호 룸메이트 친구들, 보홀 가기 전 사진 같이 찍자고 기다려준 제인과 민규... 그렇게 세부에서의 아름다웠던 한 달을 마무리했다.

―⑤―

30일만큼 좋았던 3일

졸업식이 끝나자마자 바로 보홀로 출발했다. 학원에서 가장 친하게 지냈던 형님과 2박 3일 동안 같이 보홀 투어를 하기로 했다. 배를 타고 두 시간 정도 바다를 건너 보홀에 도착한 뒤, 숙소가 있는 알로나 비치까지 밴을 타고 이동했다. 어떤 독일 커플과 함께 타고 이동하면서 가는 길 내내 많은 대화를 나눴다.

20대 초중반의 커플로 전 세계를 여행하고 있는 중이라고 했다. 이미 필리핀도 여러 군데 다녀왔고 배낭과 옷차림을 보니 액티비티를 엄청 좋아하는 것 같았다. 숙소는 저렴한 호스텔을 이용하면서 먹는 것과 체험에 모든 비용을 투자하고 있다고 했다. 그들의 젊음이 멋있게 느껴졌다. 그리고 그들 인생에서 지금 이 순간은 평생 기억에 남을 것이라는 생각도 들었다. 서로의 여행을 응원하며 대화하다 보니 어느새 숙소에 도착했다.

세부와는 전혀 다른 이미지의 보홀은 첫인상부터 완전히 내 스타일이었다. 보홀에는 지프니가 없는 대신 귀여운 툭툭이가 있었다. 또한 경적 소리나 시끄럽고 복잡한 느낌보다는 확실히 조용하고 여유로운 휴양지의 분위기가 강했다. 저녁을 먹고 알로나 비치를 산책하며 첫째 날을 마무리했다.

둘째 날에는 육상 투어로 하루를 시작했다. 이날 투어를 담당해주신 분은 친절하고 젠틀했으며 특히 제주 한 달 살이할 때 게스트하우스 사장님과 닮아 더욱 친근하게 느껴졌다.

초콜릿 키세스 모양의 언덕들이 빼곡히 몰려 있는 초콜릿힐, 몸보다 꼬리가 더 길었던 작고 귀여운 안경원숭이, 한국에서는 보기 힘든 수많은 석영석으로 가득한 Guwaon 동굴, 양옆으로 길게 뻗은 마호가니 나무로 이루어진 맨메이드 포레스트까지…

꽉 채운 일정 속에서 어느새 점심 시간이 다가왔다. 점심은 로복강을 배로 이동하며 선상에서 즐기는 뷔페였다. 흥겨운 라이브 공연을 시작으로 주변의 하나도 때 묻지 않은 자연과 맛있는 음식은 눈과 귀, 입이 모두 즐겁게 만들어줬다. 선상 투어를 마치고 바클리욘 성당까지 다녀오며 육상 투어를 마무리했다.

숙소에 도착해서 약 20분 정도 휴식한 뒤, 바로 다음 투어를 시작했다. 사실 이렇게 강행군으로 연달아 투어를 하는 것이 한편으로는 걱정됐다. 체력적으로 힘들지 않을지, 시간은 맞출 수 있을지 걱정했지만 결론적으로 굉장히 잘한 선택이었다.

　먼저 선셋을 보러 갔다. 노스젠 빌라라는 리조트에서 선셋을 보는 일정이었다. 선셋을 보고 바로 저녁을 먹을 수 있도록 음식도 미리 주문해 뒀다. 풀숲을 지나 바닷가 안쪽으로 들어가니 엄청난 풍경이 펼쳐졌다.

　'와... 이게 진짜야?'

　그동안 수많은 일출과 일몰을 봤지만 여태껏 본 것 중 단연 최고였다. 스위스 융프라우에서 하이킹하며 호수에 반영된 산과 구름처럼 바다에 반영된 태양과 구름도 감동적일 정도로 아름다웠다.

　하늘은 푸른색에서 주황빛으로, 다시 붉은빛으로 변해갔다. 마치 거대한 캔버스에 물감을 조금씩 섞어 그림을 그리는 듯했다. 저 멀리 작은 배에서 노를 저으며 가는 사람을 보니 빨갛게 물드는 바다 위에서 검은 실루엣으로 보이는 모습이 한 폭의 그림 같았다.

　한동안 서로 말없이 풍경만 바라봤다.

　'이런 순간을 위해 여행하는 거구나.'

　가장 끝쪽에는 포토존이 있었다. 많은 사람 속에서도 사진을 남겼다. 저녁이 되어 돌아와야 했지만 눈앞에 펼쳐진 황홀한 풍경은 오래도록 기억에 남았다.

　다음으로 마지막 일정인 반딧불 투어를 하러 갔다. 사실 이날 가장 기대했던 순간이었다. 살면서 한 번도 반딧불을 본 적이 없어 실제로 보면 어떤 느낌일지 궁금했기 때문이다.

　할머니가 계신 시골에서도 보기 힘들고 도시에서는 더욱 보기 어려운 친구라 약간 설레기도 했다. 작은 조각배에 올라탄 우리는, 반딧불을 더 잘 보기 위해 손전등 불빛에만 의지한 채 천천히 안쪽으로 들어갔다. 잠시 후, 반딧불이 가득한 스팟에 도착했다.

'어? 저게 반딧불인가?'

처음에는 믿기지 않았다. 크리스마스 트리의 전구처럼 반짝이는 모습이 너무 아름다웠다. 배에 타고 있던 다른 일행들도 모두 감탄을 금치 못했고 나도 한동안 넋을 놓고 바라봤다.

'진짜 살아있는 조명이구나.'

그 어떤 인위적인 조명보다도 밝고 아름답게 빛나는 모습에 감탄할 수밖에 없었다. 마치 자연이 만든 불꽃축제 같았다.

이날은 별도 쏟아지듯 많았다. 어떤 것이 별이고 어떤 것이 반딧불인지 헷갈릴 정도였다. 별과 반딧불을 함께 담은 사진을 찍고 그 사진에 '별딧불'이라는 이름을 붙였다.

돌아오는 길에는 하늘의 별을 계속 바라봤다. 배가 회전할 때면 우주가 도는 듯한 착각이 들기도 했다. 고개를 든 채 하늘만 바라보느라 목이 아팠지만 쏟아지는 별을 놓치기 아까워 잠시 그대로 견뎠다. 하루 종일 타이트한 일정에 지칠 법도 했지만 피로는 온전히 사라지고 별과 반딧불에 온 마음을 집중할 수 있었다. 숙소로 돌아가는 길까지 '별딧불'의 여운이 길게 남았다.

보홀에서의 마지막 날이 밝았다. 이날은 스쿠버다이빙 체험을 하기로 했다. 사실 이것도 이틀 전에 급하게 예약했는데 둘 다 처음이라 고민하다가 여기까지 온 김에 한 번 해보자는 마음으로 신청했다.

픽업 시간에 맞춰 사장님께서 귀여운 미니 지프니로 마중 나왔다. 스피커에서는 1990년~2000년대 한국 노래들이 흘러나왔고 우리는 신나게 노래를 따라 부르며 이동했다.

도착해서 간단한 교육이 이루어졌다. 물속에서의 수신호와 주의사항, 무엇보다 이퀄라이징의 중요성에 대해 배웠다. 이퀄라이징은 수압 차로 인해 귀에 압력이 들어갔을 때 해결하는 방법으로 스쿠버다이빙에서 가장 중요한 부분이었다.

다이빙이 수영 실력과는 별로 상관없지만 나는 수영을 못하기 때문에 물에 대한 공포가 약간 있었다. 혹시 위급상황이 발생할까 봐 주의사항을 계속 확인하고 이퀄라이징도 수시로 연습했다.

'괜찮겠지?'

생각보다 알아야 할 것이 많아 약간 두렵기도 했다. 같이 간 형님도 수영은 잘했지만 스쿠버다이빙은 처음이라 긴장이 된다고 했다.

모든 준비를 마친 후 배를 타고 바다 안쪽 깊숙이 들어갔다. 각종 장비를 착용하며 모든 준비를 마친 후, 드디어 바다에 몸을 던졌다. 바다에 처음 들어갔을 때 왠지 모를 두려움이 더 커졌다. 갑자기 눈앞이 습기 차는 것 같았고 코에는 약간 물이 들어간 느낌을 받았다. 그러면서 산소통은 제대로 작동할까 하는 생각을 하고 있을 때, 물속으로 들어가라는 신호를 받았다. 그렇게 얼떨결에 물속으로 들어갔다.

물속으로 들어가자마자 장비들을 체크했다. 처음보다는 괜찮아져서 OK 사인을 보냈고 아래쪽으로 더 깊숙이 내려가기로 했다.

내려갈수록 수압이 세지는 것이 온몸으로 느껴졌고 교육에서 배운 대로 이퀄라이징을 계속 시도했다. 하지만 위에서 연습했던 것과 달리 제대로 되지 않았다. 어느 순간 왼쪽 귀가 찢어질 듯 아프기 시작했다.

'어? 이상하다. 왜 이렇게 아프지?'

고통이 심해도 이퀄라이징을 계속 시도했지만 귀가 뚫리지 않고 오히려 더 아팠다. 금방이라도 위급상황 수신호를 보내고 싶었지만, 물속에 들어온 지 5분도 채 되지 않았기 때문에 빨리 포기하고 올라가고 싶지 않다는 생각도 들었다.

'아, 진짜 왜 안 되지? 뭐가 잘못된 걸까?'

어떻게든 버텨보려 했지만 왼쪽 귀를 송곳으로 찌르는 듯한 고통을 더 이상 참을 수 없었다. 왼쪽 귀를 잡으며 위급상황 수신호를 보냈다.

수신호를 알아본 직원이 가까이 다가와 일단 침착하라고 손짓하며 나를 안심시켰다. 조금 진정되자 천천히 이퀄라이징을 하라고 손짓했다. 처음엔 당황했지만 곧 정신을 차리고 차분하게 이퀄라이징을 여러 번 반복했다.

'다시 한번 천천히, 코를 확실히 막고...'

그러자 신기하게도 귀가 괜찮아지기 시작했다. 처음에 이퀄라이징을 할 때 코를 제대로 막지 않아 압력이 제대로 들어가지 않았던 것 같다.

구사일생으로 위기를 넘기고 다시 OK 사인을 보냈다.

  이때부터 비로소 마음이 편안해지고 주변 풍경에 오롯이 집중할 수 있었다.
  '와, 이런 세상이 있었구나!'
  언제 그랬냐는 듯 주변 물고기들을 구경하며 산호와 불가사리와도 사진을 찍었다. 최대한 다양한 포즈로 많은 사진과 영상을 남겼다. 스쿠버다이빙은 확실히 스노클링과는 다른 느낌이었다. 다양한 물고기와 산호를 이렇게 가까이에서 본 적이 없었고, 특히 바다 아래에서 땅을 밟으며 서 있을 때는 기분이 묘했다.
  바닷속에 또 다른 육지가 있는 느낌이라 신선했다. 그렇게 약 30분이 넘게 처음으로 바닷속을 여행하고 배로 올라왔다.
  올라와서 가장 먼저 든 생각은 '아, 다행히 살아서 올라왔다'였다. 중간에 큰 위기가 있었지만 잘 이겨내고 무사히 마쳤다는 안도감이 컸다.
  장비를 정리하고 코를 풀었더니 피가 뭉쳐 나왔다. 물속에서 코나 입으로 물이 들어간 것은 아니었지만 아마 압력 차이 때문에 코피가 난 것 같았다.
  마지막으로 안전하게 이끌어준 직원과 사장님에게 다시 한 번 감사 인사를 전했다. 사장님이 추천해준 맛있는 점심을 먹으면서 한동안 바닷속에서의 짜릿한 순간들에 대해 이야기를 나눴다. 그러면서 포기하지 않길 정말 잘했다는 생각이 들었다.

위급 상황이 왔을 때 바로 올라가고 싶었지만 끝까지 버텨 결국 성공해낸 것이 뿌듯했다. 이런 경험이 나에게도 소중한 도전이었다는 걸 깨달았다.

보홀에서의 3일은 세부에서의 30일만큼이나 행복한 시간이었다. 역대급 선셋을 보며 자연의 예술 작품을 감상했고, 생애 처음 본 반딧불의 신비로운 빛에 넋을 잃었으며, 위기를 극복하고 성공한 첫 스쿠버다이빙까지 경험했다.

짧은 시간이었지만 그 안에 담긴 감동의 밀도는 대단했다. 때로는 시간의 길이가 아니라 순간의 깊이가 더 중요하다는 것을 깨달았다. 보홀에서 보낸 이 3일이야말로 진짜 여행다운 여행이었다.

⑥

교실 밖에서 배운 특별 수업들

　필리핀에 살고 있는 사람들을 보면서 느낀 것은 '현재를 즐기면서 행복하게 살고 있구나'라는 점이었다. 길거리를 돌아다니면 모두 웃으면서 춤추고 노래하는 분위기였다. 선생님들도 마찬가지였다. 쉬는 시간만 되면 모여 노래를 부르거나 틱톡을 보며 춤을 추는 모습도 종종 보였다. 물론 이때가 세부 최대 축제인 시눌룩 축제 기간이었던 것도 있지만 기본적으로 필리핀 사람들은 원래 흥이 많다고 한다.

　필리핀은 지진과 태풍 등 자연재해가 잦은 곳이다. 그럼에도 사람들은 이런 것들을 두려워하거나 걱정만 하지 않고, 현재 있는 그대로를 즐기며 충실하고 행복하게 살아가는 것 같았다. 필리핀 대표 대형마트인 메트로 마켓에서도 이러한 삶의 여유를 볼 수 있었다. 마트에 갈 때마다 계산대에는 항상 줄이 길었다. 처음에는 사람이 많아서 그런가 싶었지만 다른 이유가 있었다. 계산하는 직원들이 웃으며 여유롭게 계산하고 심지어 고객들의 물건을 하나씩 일일이 봉투에 담아주기까지 했다. 한국에서는 좀처럼 보기 힘든 모습이었다. 빠른 계산이 당연하고 줄이 길면 불평이 생기기 마련인데 필리핀에서는 여유로운 서비스가 자연스러운 일상이었다.

어느 날은 작은 물건 몇 개만 사려고 줄을 기다리고 있었는데 앞에 있던 현지인이 본인은 물건이 많아 오래 걸리니 먼저 계산하라고 양보해주었다. 오랜만에 받아보는 양보였고 나 스스로도 이렇게 양보한 적이 언제였나 생각하게 되었다. 그러면서 우리는 무엇이 그리도 급해서 이렇게 여유조차 없이 살아가는가라는 생각이 들었다.

'1인당 GDP가 약 10배 차이 나는 필리핀과 한국 중 과연 어디에 살고 있는 사람이 더 행복할까?'

경제적 풍요도 중요하지만, 행복을 찾는 방법에는 여러 가지가 있다는 것을 깨달았다.

필리핀 사람들에게 배운 '현재를 즐기는 마음'은 단순히 문화를 부러워하는 것을 넘어 우리가 놓치고 있는 삶의 여유와 진정한 행복이 무엇인지 생각하게 했다. 경제적 풍요로움이 반드시 행복을 보장하지는 않으며 때로는 천천히 기다리고 양보하는 마음이 더 큰 만족을 가져다줄 수 있다는 점을 알게 되었다.

그렇다면 이런 삶의 태도는 어디서 비롯된 걸까? 한 달 동안 지내면서 필리핀 사람들은 소박한 삶을 사는 것 같다는 생각이 들었다. 이 책을 쓸 수 있도록 해준 내가 존경하는 고명환 작가님의 책에서 그 해답을 찾았기 때문이다. 개그맨이자 요식업 CEO인 고명환 작가님은 『고전이 답했다 - 마땅히 살아야 할 삶에 대하여』에서 이렇게 말했다.

'소박의 의미는 꿈이 작다는 게 아니다. 체념하고 포기했다는 뜻도 아니다. 현실을 정확하게 파악하고, 그 안에서 최대한 자신의 행복한 삶을 누리는 것이다.'

이 문장을 읽으며 필리핀에서 본 사람들의 모습을 다시 생각해보았다. 그들은 경제적 풍요나 외부 조건에 얽매이지 않고 주어진 환경 안에서 가능한 최대한 즐기고 행복을 느끼며 살아가고 있었다. 결국 행복은 많은 것을 소유하거나 달성하는 데 있는 것이 아니라 자신의 삶을 충실히 느끼고 즐길 줄 아는 태도에 있다는 점을 깨닫게 됐다. 바쁜 일상 속에서도, 때로는 천천히 기다리고 여유를 갖는 순간이야말로 진정한 삶의 풍요를 만들어주는 중요한 열쇠라는 생각이 들었다.

무엇보다도 내적으로 느낀 것은 '안 맞는 옷은 억지로 입지 말기'였다. 학원에 온 지 얼마 안 되었을 때, 매 수업시간 자기소개를 했다.

학원에 온 지 얼마 안 되었을 때 매 수업시간 자기소개를 했다. 그때마다 빼먹지 않은 멘트가 있다.

"난 어렸을 때 외향적이었지만 지금은 내향적으로 변했고, 다시 외향적으로 돌아가려 노력 중이야"

사회생활을 하면서 성격이 변했다고 생각했기에 세부에서는 다시 예전에 외향적인 성격으로 돌아가 최대한 다양한 친구를 사귀고 싶었다.

그때까지만 해도 외향적인 성격이 좋은 성격이라고 생각했다. 시원시원하고 털털하며 누구와도 잘 어울리고 주목받는 스타일은 멋있어 보였다. 내향적인 성격은 소심하고 의견을 적극적으로 말하지 못하는 안 좋은 성격이라 생각했고, 그래서 이번 기회에 성격을 다시 바꾸고 싶었다.

한국인 룸메이트 친구를 보며 더욱 그런 생각이 들었다. 군 전역 후 대학 복학을 앞둔 친구였는데 매번 새로운 친구를 사귀려고 노력했다. 나도 처음엔 그렇게 하려 했지만 억지로 사교적이 되려고 하니 오히려 어색하고 피로했다.

그러다 깨달았다. 외향적인 모습으로 돌아가고 싶다고 했지만 지금의 내향적인 모습도 어릴 때부터 내 안에 있던 나의 일부였다는 것을. 내향적인 성격에도 충분히 많은 장점이 있었다. 섬세하게 생각하고 다른 사람의 의견을 경청할 수 있는 것은 외향적인 사람에겐 없는 특별한 능력이다.

약점을 보완하는 것도 중요하지만 강점을 극대화하는 것이 더 중요하다는 생각이 들었다. 외향인이 되려고 애쓸 필요 없이 나와 맞는 사람들과 함께하면 된다는 마음에 오히려 편안해졌다. 세상에는 좋은 성격과 나쁜 성격이 있는 것이 아니라 서로 맞고 안 맞는 차이가 있을 뿐이라는 것을 느꼈다.

세부에서 얻은 가장 큰 것은 친구이자 인생 선배님을 만난 것이다. 그

룸 메이트라 겹치는 수업도 많았고 대화도 잘 통해 금방 친해졌다. 나이 차이가 조금 났지만 형님은 또래보다 훨씬 젊어 보였고 실제로도 그렇게 행동하면서 주변 사람들을 편안하게 대해주었다. 성격, 주량, 음식 스타일도 잘 맞았다. MBTI도 E와 I만 다를 정도로 우린 비슷했다.

세부 시티투어, 호핑투어, 남부투어, 시눌룩 축제, 보홀까지 거의 모든 여행을 형님과 함께했다.

형님과의 대화를 통해 느낀 것은 '조급하지 않기'였다. 특히 결혼에 대한 마음이 크게 영향을 받았다. 나는 어렸을 때부터 결혼을 빨리 하고 싶었는데, 막상 30대가 다가오니 현실적인 고민이 많았다. 형님은 30대 후반에 결혼했지만 늦었다는 생각은 전혀 들지 않았고, 오히려 현재 충분히 행복하다고 했다.

"분명 본인에게 맞는 사람은 있으니 조급하게 생각하지 말고 다양한 경험을 해보세요."

"그럼 저에게 맞는 사람인지 어떻게 알 수 있을까요?"

"상대의 가장 안 좋은 모습을 내가 얼마나 감당할 수 있을지 생각해보세요."

형님의 답변을 듣자마자 제주 한 달 살이에서 게스트하우스 사장님의 말이 떠올랐다.

"동업할 땐 그 사람이 가장 밑바닥에서 어떻게 행동하는지 봐야 돼."

생각해보니 결혼도 일종의 동업과 같다. 인생을 함께 생활하고 공동 목표를 이루기 위해 달려나가기 때문이다. 단순히 빨리 결혼해야 한다는 조급함은 본질을 놓치게 한다. 중요한 건 빨리 하는 것이 아니라 제대로 하는 것이다. 충분히 알아가는 시간이 필요하다는 것을 배웠다.

　세부에 오기 전에는 단순히 영어 실력과 액티비티 경험 정도만 생각했다. 하지만 한 달 동안 현재를 즐기는 법, 내 본모습을 인정하는 법, 조급해하지 않고 기다리는 법 등 예상치 못한 삶의 지혜를 얻게 되었다. 학원 교육과정에는 없었지만 세부에서 자연스럽게 배운 소중한 선물이었다. 계획했던 것보다 훨씬 많은 것을 가지고 돌아가는 기분이었다.

파티를 시작해볼까? | 에필로그

2025년 3월 2일, 복직을 5일 앞두고 혼자 '내일로 기차여행'을 떠났다. 지난 1년간의 휴직기를 돌아보며 마무리하기 위함이었다. 여행을 다녀오고 하루 쉬고 바로 출근을 했으니 정말이지 마지막까지 꽉 채운 휴직기였다.

놀랍게도 정확히 10년 전, 고등학교 친구들과 내일로 기차여행을 떠났었다. 이제 막 성인이 되어 신났던 녀석들은 가보고 싶은 곳도 해보고 싶은 것도 많았다. 세상 모든 것이 새롭고 흥미로웠던 나이였기 때문에 그저 기차를 타고 여기저기 돌아다닌 것만으로도 충분히 즐거웠던 기억이 떠오른다.

평소에 기차를 타면 목적지에 도착해서 할 일들에 대한 설렘이 더 컸지만 이번에는 달랐다. 어떻게든 기차 안에서 보내는 시간을 늘리고 싶었다. 그래서 일부러 최대한 오래 걸리는 루트로 선택했다. 창밖 풍경을 바라보며 지난 1년을 천천히 되새기고 싶었기 때문이다.

전라남도 목포를 거쳐 순천에 도착했다. 순천에 간 목적은 단 하나, 바로 순천만 습지를 가기 위함이었다. 10년 전 친구들과의 첫 방문 이후에도 몇 번 더 찾은 곳이지만, 올 때마다 좋은 인상을 받았기에 이번 여행에서도 놓칠 수 없었다.

가는 길에 사진첩을 뒤져보니 그때 찍었던 사진이 남아있었다. 다리에서 점프를 하려는 찰나에 찍힌 사진, 그때의 사진과 지금의 모습을 보니 문득 이런 생각이 들었다.

'10년 전의 나는 지금의 모습을 어떻게 상상했을까?'

그때는 지금처럼 생각이 많던 시기는 아니었지만, 단 한 가지 분명했던 건 지금의 모습까지는 전혀 상상하지 못했다는 사실이었다. 대기업에서 일하게 될지, 20대의 마지막에서 1년 동안 휴직을 할지, 그리고 책을 쓰는 작가가 될지... 그 어떤 것조차 상상할 수 없었다. 그러면서 동시에 이런 생각이 들었다.

'10년 전에 내가 상상하지 못했던 것처럼, 앞으로의 30대에는 또 어떤 예상치 못한 일들이 기다리고 있을까?'

한 가지 확실한 건, 그 불확실함은 두려움보단 설렘에 가까웠다. 이번 기차여행은 지난 1년뿐만 아니라 나의 인생 30년 전체를 돌아볼 수 있는 시간이었다.

복직 하루 전날, 그동안의 휴직기동안 만났던 인연들과 좋았던 순간들을 모아서 인스타그램 릴스로 만들었다. 영상 속에 있는 모든 인연들과 함께

했던 순간들이 한 편의 영화처럼 흘러갔다.

짧지도 길지도 않았던 1년이라는 시간동안, 함께 해준 모든 인연들 덕분에 그 어떤 1년보다 풍성한 날들을 보낸 것 같았다. 무엇보다 각자의 소중한 시간을 나눠준 모든 분들에게 진심으로 감사했다.

마지막으로 이번 휴직기의 피날레곡인 너드커넥션의 '29'라는 노래를 소개하며 마무리할까 한다.

축배를 바닥에 던져버리고
이윽고 충격에 싸인 얼굴들에 한바탕 웃음을 뱉네
축제는 끝났어 나는 돌아가
새까만 어둠에 싸인 네온사인 사이로 부르네

La la la la
La vita breve
춤을 춰
리듬엔 맞지 않는대도

한바탕 축제의 끝을 맞이한 것처럼 나의 20대도 그렇게 막을 내렸다. 화려하고 찬란한 시간이었다. 20대 초반 동네 친구들과의 순수하게 놀던 순간들, 군대 전역 후 진로를 찾아 헤매던 치열함, 그리고 스물아홉에 선택한 1년간의 특별한 휴식까지.

30대가 되면 모든 젊음이 끝날 것 같은 두려움이 있었다. 새까만 어둠 속으로 빨려 들어가는 것처럼 말이다. 하지만 이제 깨달았다.

20대가 축제였다면, 30대는 파티다.

축제만큼 화려하지는 않을지 모르지만, 파티는 파티만의 깊이와 여유로움이 있다. 이직이라는 파티, 창업이라는 파티, 결혼이라는 파티… 각자의 인생에 맞는 다양한 파티들이 기다리고 있다.

중요한 건 리듬에 완벽하게 맞추는 게 아니다. 때로는 박자를 놓치고, 때로는 어색하게 움직일 수도 있다. 하지만 그럼에도 춤을 추고 있다는 것, 그 자체가 중요하다. 세부에서 처음 줌바댄스를 췄을 때처럼…

La vita breve는 이탈리아어로 '짧은 인생'을 뜻한다. 노래가 말하듯, 인생은 생각보다 짧기에 우리는 조금 더 가볍게, 조금 더 신나게 춤춰야 한다. 축제는 끝났지만 파티는 이제 시작이기 때문이다. 그래서 나는 30대라는 새로운 무대에서, 내 방식대로, 내 리듬대로 춤을 추려고 한다.

이번 1년간의 시간이 내게 가르쳐준 가장 큰 교훈이다. 인생은 멈추지 않는다. 축제가 끝나면 파티가 시작되고 파티가 끝나면 또 다른 축제가 기다린다.

그러니 춤을 추자. 리듬에 맞지 않는대도.

1년이면 됩니다

인쇄일	2025년 11월 21일
발행일	2025년 11월 27일
저 자	송재홍
발행처	뱅크북
신고번호	제2017-000055호
주 소	서울시 금천구 가산동 시흥대로 123 다길
전 화	(02) 866-9410
팩 스	(02) 855-9411
이메일	san2315@naver.com

* 지적 재산권 보호법에 따라 무단복제복사 엄금함.
* 책값과 바코드는 표지 뒷면에 있습니다.

ⓒ 송재홍, 2025, Printed in Korea